国家自然科学基金资助(项目号：71872081，71372030)
南京大学人文社科"双一流"建设"百层次"科研项目资助

中国证券分析师与证券公司预测准确性评价研究 (2019)

(Earnings Forecast Accuracy Rating for Chinese Security Analyst & Securities Firm, EFA Rating 2019)

林树　刘静　著

东南大学出版社
SOUTHEAST UNIVERSITY PRESS
·南京·

图书在版编目(CIP)数据

中国证券分析师与证券公司预测准确性评价研究.
2019/林树,刘静著. —南京:东南大学出版社,2019.8
 ISBN 978-7-5641-8525-1

Ⅰ.①中… Ⅱ.①林… ②刘… Ⅲ.①证券投资-研究 Ⅳ.①F830.91

中国版本图书馆 CIP 数据核字(2019)第 182872 号

中国证券分析师与证券公司预测准确性评价研究 2019

出版发行	东南大学出版社
社　　址	南京市四牌楼 2 号　　邮编　210096
出 版 人	江建中
网　　址	http://www.seupress.com
电子邮箱	press@seupress.com
经　　销	全国各地新华书店
印　　刷	江苏凤凰数码印务有限公司
开　　本	700mm×1000mm　1/16
印　　张	7.25
字　　数	200 千
版　　次	2019 年 8 月第 1 版
印　　次	2019 年 8 月第 1 次印刷
书　　号	ISBN 978-7-5641-8525-1
定　　价	60.00 元

本社图书若有印装质量问题,请直接与营销部联系。电话(传真):025-83791830

声　明

　　本书是国家自然科学基金(项目号：71872081；71372030)资助的阶段性成果。此书内容仅供学术参考与资讯用途。作者不保证本书内容的精确性及完整性，不承担读者使用本书内容导致的任何结果的责任。作者与此书的相关方对于读者使用本书所产生的任何损失或损害，不负任何责任。

摘　　要

近年来，我国证券分析师队伍伴随着资本市场的发展而迅速壮大。作为重要资本市场信息中介，证券分析师凭借其较强的信息搜集能力和专业分析能力，向投资者提供专业的研究报告，对缓解资本市场信息不对称、保护投资者及促进资本市场健康发展发挥着重要的积极作用。

鉴于证券分析师在资本市场的重要作用，无论是证券分析师群体，还是投资者群体，都需要一个客观公正的证券分析师评价体系。然而国内资本市场中，对于证券分析师的评价，多年来风靡根据"买方投票"数量的形式来给各行业的证券分析师进行排序，这种评价模式具有一定合理性及综合性。但根据买方机构主观打分的方式难免受到分析师专业能力以外的其他因素影响，其客观性、公正性也因此不能得到保证。更重要的是，证券分析师最重要的预测能力在投票这一评价过程中没有得到很好的体现，"买方投票"的评价过程与结果让投资者对分析师真正的证券分析与预测能力仍然无法知晓。鉴于此，我们尝试从分析师的最重要能力——"盈利预测准确性"出发对分析师专业能力进行评价，提供一种更加透明、客观、可验证的分析师评价模式，以期对现存分析师评价体系形成一定有益补充，更为证券投资者、乃至证券市场评价分析师提供重要参考。

《中国证券分析师与证券公司预测准确性评价研究 2019》是我们将研究成果以专著的形式呈现。我们分为三年期和五年期两个时间段来对证券分析师及证券公司的盈利预测准确性表现进行分析评价。通过本书的研究结果，我们可以从宏观上看出我国证券分析师行业的发展态势，从微观上也可以看出不同证券公司研究所整体研究实力的平稳或起伏变化，对证券分析师及证券公司预测准确性表现形成更加直观的认识。

目前的评价方法虽然有其创新性，但难免有不足之处，我们非常欢迎同行的批评与建议，在后续定期的修订版本中根据实际情况进行方法上的改进。

我们感谢国家自然科学基金、南京大学人文社科"双一流"建设"百层次"科研项目的资助，感谢东南大学出版社编辑老师的辛苦工作。

目 录

1 概述 ··· 1
   1.1 理论基础 ·· 2
   1.2 数据来源与指标设计 ·· 3
2 三年期证券分析师预测准确性评价 ·· 7
   2.1 数据来源与样本说明 ·· 7
   2.2 三年期证券分析师预测准确性评价结果 ··· 8
3 五年期证券分析师预测准确性评价 ·· 57
   3.1 数据来源与样本说明 ·· 57
   3.2 五年期证券分析师预测准确性评价结果 ··· 58
4 三年期证券公司预测准确性评价 ·· 85
   4.1 数据来源与样本说明 ·· 85
   4.2 三年期证券公司师预测准确性评价结果 ··· 85
5 五年期证券公司预测准确性评价 ·· 97
   5.1 数据来源与样本说明 ·· 97
   5.2 五年期证券公司预测准确性评价结果 ··· 97
6 2019 年度中国证券分析师与证券公司预测准确性评价总结 ······················· 108

1 概 述

证券分析师行业伴随着资本市场的发展而诞生。作为重要的资本市场信息中介,证券分析师凭借其较强的信息搜集能力和专业分析能力,在宏观层面分析经济发展和行业政策的同时,也对上市公司的发展运营进行深入解剖,撰写研究报告向市场参与者提供投资决策建议,成为投资者投资决策的重要参考依据。

随着我国资本市场的不断发展,证券分析师队伍也日益壮大,至2019年持证上岗分析师已达3 210人[①]。在分析师群体迅速膨胀、研究报告汗牛充栋的市场形势下,一个客观、公正的分析师评价体系对于买卖双方乃至资本市场的规范运作无疑都具有重要意义。一方面,从分析师角度而言,在分析师人数急速扩张的过程中,分析师专业素质难以得到完全保证,分析师市场为实现优胜劣汰、褒扬先进需要一个公正的分析师评价体系;另一方面,从投资者角度而言,面对海量研究报告,分析师评价体系也可以提供一定甄别依据。然而国内资本市场中,对于证券分析师的评价,多年来风靡采用根据"买方投票"数量的形式来给各行业的证券分析师进行排序,这种评价模式具有一定合理性及综合性,但根据买方机构主观打分的方式难免受到分析师专业能力以外的其他因素影响,其客观性、公正性也因此大打折扣,同时随着研究市场竞争加剧,不够公开透明的评价过程也可能滋生拉票等不正当竞争行为,严重影响评选活动的严肃性、公平性和专业性[②]。更重要的是,本是证券分析师最重要的盈利预测能力在投票这一评价过程中没有得到很好的体现,"买方投票"的评价过程与结果让投资者对分析师真正的证券分析与预测能力仍然无法知晓。

基于此,我们试图从分析师的最重要能力——"盈利预测准确性"出发对分析师专业能力进行评价,提供一种更加透明、客观、可验证的分析师评价模式,以期对现存分析师评价体系形成一定有益补充,更为证券投资者、乃至证券市场评价分析师提供重要参考。

---

① 数据来源:中国证券业协会官网,统计截止时点2019.07.01。网址:http://www.sac.net.cn/。
② 参见中国证券业协会:《中国证券业协会支持证券公司退出有关分析师评选活动》。

在本书中，我们分别从证券分析师个体与证券公司的层面，根据不同的统计区间，在第二章至第五章分别展现 2015 年至 2019 年期间（对应 2014—2018 年公司年报发布截止日）三年期与五年期的"中国证券分析师预测准确性评价"与"中国证券公司研究实力评价"结果[①]，以便投资者可以从不同长度时间段的统计结果，宏观上看出我国证券分析师行业的发展态势，微观上也可以看出不同证券公司研究所研究预测实力的平稳或起伏变化。

本章将阐述中国证券分析师预测准确性评价的理论基础、数据来源及指标设计。

1.1　理论基础

每股收益（Earning Per Share，EPS）即每股税后利润，是普通股股东每持有一股所能享有的企业净利润或需承担的企业净亏损。每股收益是反映企业经营成果，衡量普通股的获利水平及投资风险的重要财务指标，也是投资者等信息使用者据以评价企业盈利能力、预测企业成长潜力、进而做出相关经济决策的关键指标之一。鉴于每股收益指标对股票估值及投资者决策的重要作用，证券分析师盈余预测的准确性不仅受到投资者和其他业界人士的普遍关注，也成为学术界探讨的热点（Ramnath et al.，2008）[②]，证券分析师准确预测所跟踪股票每股收益的能力也成为其专业能力、工作价值的重要表现（吴东辉和薛祖云，2005）[③]。

基于此，我们在以每股收益预测准确性作为评价分析师预测能力的主要依据，并通过标准化的处理方法解决不同股票间的可比性问题，综合考虑分析师的平均预测表现和最佳预测表现，得到对分析师预测能力的整体评价；在通过上述方法得到分析师预测能力的标准化得分基础上，我们进一步综合考虑证券公司的整体预测能力，并在注重证券公司拥有优秀分析师数量的同时，综合考虑了证券公司体量等成本因素，多维度、全方位的对证券公司的预测水平及成本效益进行评价。

---

①　为规避评价短期化可能引起的对分析师行为短期化引导及浮躁风气，本书仅从中长期对分析师进行评价，而未对短期评级等进行评价。

②　Ramnath, S., S. Rock and P. Shane. 2008. The financial analyst forecasting literature: a taxonomy with suggestions for further research. International Journal of Forecasting, 24(1)：34-75.

③　吴东辉,薛祖云.2005.财务分析师盈利预测的投资价值：来自深沪 A 股市场的证据[J].会计研究(8)：37-43+96.

1.2 数据来源与指标设计

1.2.1 数据来源与样本选择

本书基础数据全部来源于 CSMAR 数据库（深圳国泰安教育技术有限公司）[①]，涉及指标包括分析师姓名、分析师编码[②]、所属证券公司名称、预测公司证券代码、证券简称、预测终止日、预测每股收益及实际每股收益。

在对分析师预测准确性进行评价时，对分析师初始研究报告及预测数据按照如下原则进行剔除：(1)剔除针对非 A 股上市公司的研究报告；(2)剔除未对公司每股收益进行预测的研究报告；(3)分析师同一预测期间内进行多次每股收益预测时，保留该预测期间内最后一次每股收益预测；(4)同一研究报告中对未来多期每股收益进行预测时，保留最近一期每股收益预测。

关于行业分类，我们主要以中证指数有限公司公布的上市公司行业分类为准[③]，并在中证行业划分的二级行业基础上进行一定调整。此外，对评价期内因中证行业微调导致的差异以最新一期，即中证指数公司官方网站 2019 年 5 月 27 日发布的《中证指数公司更新中证行业分类结果》为准。

在中证二级行业分类基础上调整后的行业分类如下：

主要消费类：

(1) 主要消费—食品、饮料与烟草（除农牧渔产品）

包括中证对应行业[④]：主要消费—食品、饮料与烟草—包装食品与肉类；主要消费—食品、饮料与烟草—饮料。

(2) 主要消费—农牧渔产品

包括中证对应行业：主要消费—食品、饮料与烟草—农牧渔产品。

---

① CSMAR 经济金融研究数据库是国泰安从学术研究的需求出发，借鉴芝加哥大学 CRSP、标准普尔 Compustat、纽约交易所 TAQ、I/B/E/S、Thomson 等国际知名数据库的专业标准，并结合中国实际国情开发的经济金融型数据库。经过不断积累和完善，CSMAR 数据库已涵盖因子研究、人物特征、绿色经济、股票、公司等 18 大系列，包含 130 多个数据库、4 000 多张表、4 万多个字段，应用广泛、认可度高、专业全面、精准及时。上述介绍来自国泰安数据库"产品简介"。

② CSMAR 内部编码，具有唯一性。

③ 具体行业分类原则参见中证指数有限公司官网(http://www.csindex.com.cn)《关于行业分类的说明》。

④ 对应中证行业格式为："一级行业—二级行业"及"一级行业—二级行业—三级行业"，下同。

信息技术类：

（3）信息技术—信息技术（含半导体、计算机及电子设备、计算机运用）

包括中证对应行业：信息技术—半导体；信息技术—计算机及电子设备；信息技术—计算机运用。

公用事业类：

（4）公用事业—公用事业

包括中证对应行业：公用事业—公用事业。

医药卫生类：

（5）医药卫生—医药卫生（含医疗器械与服务、医药生物）

包括中证对应行业：医药卫生—医疗器械与服务；医药卫生—医药生物。

原材料类：

（6）原材料—原材料1（含化学制品、化学原料）

包括中证对应行业：原材料—原材料—化学制品；原材料—原材料—化学原料。

（7）原材料—原材料2（含建筑材料、有色金属、钢铁、非金属采矿及制品）

包括中证对应行业：原材料—原材料—建筑材料；原材料—原材料—有色金属；原材料—原材料—钢铁；原材料—原材料—非金属采矿及制品。

（8）原材料—轻工（含家庭与个人用品、容器与包装、纸类与林业产品）

包括中证对应行业：主要消费—家庭与个人用品；原材料—原材料—容器与包装；原材料—原材料—纸类与林业产品。

可选消费类：

（9）可选消费—传媒

包括中证对应行业：可选消费—传媒。

（10）可选消费—汽车与汽车零部件

包括中证对应行业：可选消费—汽车与汽车零部件。

（11）可选消费—消费者服务、耐用消费品与服装

包括中证对应行业：可选消费—消费者服务；可选消费—耐用消费品与服装。

（12）可选消费—零售业

包括中证对应行业：主要消费—食品与主要品零售；可选消费—零售业。

工业类：

（13）工业—交通运输

包括中证对应行业：工业—交通运输。

（14）工业—商业服务与用品

包括中证对应行业：工业—商业服务与用品。

（15）工业—资本品1（含工业集团企业、建筑与工程、建筑产品）

包括中证对应行业：工业—资本品—工业集团企业；工业—资本品—建筑与工程；工业—资本品—建筑产品。

（16）工业—资本品2（机械制造）

包括中证对应行业：工业—资本品—机械制造。

（17）工业—资本品3（环保设备、工程与服务）

包括中证对应行业：工业—资本品—环保设备、工程与服务。

（18）工业—资本品4（电气设备）

包括中证对应行业：工业—资本品—电气设备。

（19）工业—资本品5（航空航天与国防）

包括中证对应行业：工业—资本品—航空航天与国防

（20）工业—资本品6（贸易公司与经销商）[①]

包括中证对应行业：工业—资本品—贸易公司与经销商。

电信业务类：

（21）电信业务—电信业务（含电信服务与通信设备）

包括中证对应行业：电信业务—电信服务；电信业务—通信设备。

能源类：

（22）能源—能源

包括中证对应行业：能源—能源。

金融地产类：

（23）金融地产—银行

包括中证对应行业：金融地产—银行。

（24）金融地产—非银金融（含保险、资本市场、其他金融）

包括中证对应行业：金融地产—保险；金融地产—资本市场；金融地产—其他

---

① 旧版分类，适用期间为2014—2015年度。

金融。

（25）金融地产—房地产

包括中证对应行业：金融地产—房地产。

1.2.2 指标设计思路

（1）分析师层面

在对分析师预测能力进行评价时，首先在单只股票维度计算出分析师每次预测准确度的相对排名并进行标准化，得到分析师每次预测准确性的标准分。在每次预测标准分基础上，为全面考察证券分析师研究报告的"质"与"量"，我们分别从平均表现和最佳表现两个维度对分析师预测准确性进行评价。在从平均表现维度对分析师表现进行评价时，对分析师在某行业内跟踪的全部公司的预测标准分求平均作为分析师平均表现打分，如分析师跟踪公司横跨不同行业，则对其在不同行业内的预测准确性表现分别评价；在从最佳表现维度对分析师表现进行评价时，以分析师在某行业内跟踪的全部公司中的最优预测标准分作为分析师最佳表现打分，如分析师跟踪公司横跨不同行业，则对其在不同行业内的准确性表现分别评价。

（2）证券公司层面

在证券公司层面，从证券公司全部分析师预测准确度表现均值角度及拥有明星分析师席位角度两个维度对证券公司预测能力进行评价。具体做法是：从证券公司全部分析师表现维度对证券公司预测能力进行评价时，对证券公司年度内全部活动分析师[①]表求均值作为证券公司表现的衡量，需要说明的是，因对分析师评价具有平均和最佳两个维度，在对证券公司预测表现进行评价时，也相对应的分别从分析师平均标准分、分析师最佳标准分进行计算。

从证券公司拥有明星分析师席位角度对证券公司预测能力进行评价时，以各行业内表现最佳的前五名分析师为明星分析师，以各证券公司拥有明星分析师席位对证券公司的预测能力进行评价，同时考虑到证券公司为产生明星分析师所付出的"成本"不同，我们也同时列示了证券公司对应期间的活动分析师总量及发布研究报告总量，以助于更加全面深入的了解证券公司的预测实力及成本效益。

[①] 活动分析师指在相应期间内进行过针对 A 股上市公司的每股收益预测的分析师，即以 CSMAR 数据库为基准，根据 1.2.1 节所介绍的原则进行筛选后，本书所覆盖的分析师，下同。

2 三年期证券分析师预测准确性评价

2.1 数据来源与样本说明

三年期证券分析师预测准确性评价的数据期间为 2016 年 5 月 1 日至 2019 年 4 月 30 日。所有分析师预测数据来源于 CSMAR 数据库,涉及指标包括分析师姓名、分析师编码、所属证券公司名称、预测公司证券代码、证券简称、预测终止日、预测每股收益及实际每股收益。

在对三年期证券分析师预测准确性进行评价时,我们对分析师初始研究报告及预测数据按照如下原则进行剔除:(1)剔除针对非 A 股上市公司的研究报告;(2)剔除未对公司每股收益进行预测的研究报告;(3)分析师同一预测期间内进行多次每股收益预测时,保留该预测期间内最后一次每股收益预测;(4)同一研究报告中对未来多期每股收益进行预测时,保留最近一期每股收益预测。此外,在三年期证券分析师预测准确性评价中,我们仅对连续在行业内执业满三年的分析师进行了排名。

经上述筛选后,我们最终得到参与三年期证券分析师准确性评价的分析师共 904 名。其中,主要消费—食品、饮料与烟草(除农牧渔产品)行业 55 名、主要消费—农牧渔产品行业 45 名、信息技术—信息技术(含半导体、计算机及电子设备、计算机运用)行业 252 名、公用事业—公用事业行业 40 名、医药卫生—医药卫生(含医疗器械与服务、医药生物)行业 107 名、原材料—原材料 1(含化学制品、化学原料)行业 128 名、原材料—原材料 2(含建筑材料、有色金属、钢铁、非金属采矿及制品)行业 87 名、原材料—轻工(含家庭与个人用品、容器与包装、纸类与林业产品)行业 54 名、可选消费—传媒行业 46 名、可选消费—汽车与汽车零部件行业 76 名、可选消费—消费者服务、耐用消费品与服装行业 161 名、可选消费—零售业行业 42 名、工业—交通运输行业 30 名、工业—商业服务与用品行业 88 名、工业—资本品 1(含工业集团企业、建筑与工程、建筑产品)行业 53 名、工业—资本品 2(机械制造)行业 145 名、工业—资本品 3(环保设备、工程与服务)行业 61 名、工业—资本品 4(电气设备)行业 93 名、工业—资本品 5(航空航天与国防)行业 27 名、电信业务—电信业务(含电信服务与通信设备)行业 55 名、能源—能源行业 64 名、金融地产—银行行业 20 名、金融地产—非银金融(含保险、资本市场、其他金融)行业 35 名、金融地产—房地产行业 33 名①。

2.2 三年期证券分析师预测准确性评价结果

我们按照第一章介绍的计算方法,首先计算出各行业内每位分析师各年度每股收益预测的平均表现得分及最佳表现得分,在此基础上对分析师在行业内三年表现(平均表现和最佳表现两个维度)进行综合评价。按上述方法得到三年期的分行业证券分析师预测准确性排名如下,因篇幅所限,我们只列示了各行业内排名前 20 名的证券分析师,若不足 20 名,则全部列示。

表 2-1 三年期分析师预测准确性评价—平均表现(2016.05.01—2019.04.30)
行业:主要消费—食品、饮料与烟草(除农牧渔产品)

分析师姓名	平均表现排名	平均跟踪股票数量	所属证券公司
范劲松	1	15	中泰证券股份有限公司
文献	2	19	平安证券股份有限公司
苏铖	3	24	安信证券股份有限公司
汤玮亮	4	13	中银国际证券股份有限公司
薛玉虎	5	22	方正证券股份有限公司
郑汉镇	6	6	太平洋证券股份有限公司
于杰	7	22	民生证券股份有限公司
王鹏	8	10	国泰君安证券股份有限公司
吕昌	9	25	上海申银万国证券研究所有限公司
李佳丰	10	2	安信证券股份有限公司
王强	11	1	招商证券股份有限公司
李强	12	32	东北证券股份有限公司
肖婵	13	17	东方证券股份有限公司
邢庭志	14	18	中国国际金融股份有限公司

---

① 因存在同一分析师跟踪不同行业的情况,因此证券分析师总数与各行业分析师数量加总数不一致。

(续表)

分析师姓名	平均表现排名	平均跟踪股票数量	所属证券公司
刘晓波	15	3	光大证券股份有限公司
董广阳	16	22	华创证券有限责任公司
朱会振	17	21	西南证券股份有限公司
区少萍	18	12	国泰君安证券股份有限公司
张宇光	19	14	长城证券股份有限公司
吕若晨	20	17	中国国际金融股份有限公司

表 2-2 三年期分析师预测准确性评价—最佳表现(2016.05.01—2019.04.30)
行业：主要消费—食品、饮料与烟草(除农牧渔产品)

分析师姓名	最佳表现排名	平均跟踪股票数量	所属证券公司
苏铖	1	24	安信证券股份有限公司
董广阳	2	22	华创证券有限责任公司
薛玉虎	3	22	方正证券股份有限公司
马浩博	4	21	新时代证券股份有限公司
陈柏儒	5	11	民生证券股份有限公司
贺琪	6	22	华泰证券股份有限公司
文献	7	19	平安证券股份有限公司
王永锋	8	24	广发证券股份有限公司
余春生	9	30	国海证券股份有限公司
朱会振	10	21	西南证券股份有限公司
范劲松	11	15	中泰证券股份有限公司
黄付生	12	39	太平洋证券股份有限公司
肖婵	13	17	东方证券股份有限公司
李强	14	32	东北证券股份有限公司
汤玮亮	15	13	中银国际证券股份有限公司
杨勇胜	16	21	招商证券股份有限公司
邢庭志	17	18	中国国际金融股份有限公司
于杰	18	22	民生证券股份有限公司
安雅泽	19	17	中信建投证券股份有限公司
张宇光	20	14	长城证券股份有限公司

在2016年5月1日至2019年4月30日这三年的期间内,持续跟踪主要消费—食品、饮料与烟草(除农牧渔产品)行业并作出每股收益预测的分析师有55名。由表2-1、表2-2可以看出,从平均预测准确性角度来看,排在前五名的分析师分别是:中泰证券股份有限公司的范劲松、平安证券股份有限公司的文献、安信证券股份有限公司的苏铖、中银国际证券股份有限公司的汤玮亮和方正证券股份有限公司的薛玉虎。从最佳预测准确性角度来看,排在前五名的分析师分别是:安信证券股份有限公司的苏铖、华创证券有限责任公司的董广阳、方正证券股份有限公司的薛玉虎、新时代证券股份有限公司的马浩博和民生证券股份有限公司的陈柏儒。

表2-3 三年期分析师预测准确性评价—平均表现(2016.05.01—2019.04.30)
行业:主要消费—农牧渔产品

分析师姓名	平均表现排名	平均跟踪股票数量	所属证券公司
文 献	1	2	平安证券股份有限公司
陈柏儒	2	7	民生证券股份有限公司
袁霏阳	3	10	中国国际金融股份有限公司
王 莺	4	7	华创证券有限责任公司
丁 频	5	15	海通证券股份有限公司
周家杏	6	2	国元证券股份有限公司
朱 栋	7	1	平安证券股份有限公司
许奇峰	8	6	华泰证券股份有限公司
孙 扬	9	10	中国国际金融股份有限公司
贺 琪	10	3	华泰证券股份有限公司
皮 秀	11	1	平安证券股份有限公司
陈 佳	12	12	长江证券股份有限公司
石山虎	13	3	联讯证券股份有限公司
钟凯锋	14	14	国泰君安证券股份有限公司
钟 奇	15	1	海通证券股份有限公司
王 乾	16	11	广发证券股份有限公司
张 巽	17	1	平安证券股份有限公司
钱 浩	18	8	广发证券股份有限公司
吴 立	19	22	天风证券股份有限公司
康敬东	20	8	信达证券股份有限公司

表 2-4　三年期分析师预测准确性评价—最佳表现(2016.05.01—2019.04.30)

行业：主要消费—农牧渔产品

分析师姓名	最佳表现排名	平均跟踪股票数量	所属证券公司
陈　佳	1	12	长江证券股份有限公司
吴　立	2	22	天风证券股份有限公司
钟凯锋	3	14	国泰君安证券股份有限公司
丁　频	4	15	海通证券股份有限公司
王　乾	5	11	广发证券股份有限公司
陈　娇	6	23	兴业证券股份有限公司
赵金厚	7	10	上海申银万国证券研究所有限公司
陈　奇	8	13	中泰证券股份有限公司
王　莺	9	7	华创证券有限责任公司
盛　夏	10	14	中信证券股份有限公司
康敬东	11	8	信达证券股份有限公司
钱　浩	12	8	广发证券股份有限公司
程晓东	13	7	太平洋证券股份有限公司
许奇峰	14	6	华泰证券股份有限公司
袁霏阳	15	10	中国国际金融股份有限公司
龚毓幸	16	7	上海申银万国证券研究所有限公司
陈雪丽	17	14	海通证券股份有限公司
陈柏儒	18	7	民生证券股份有限公司
刘哲铭	19	11	天风证券股份有限公司
孙　扬	20	10	中国国际金融股份有限公司

在 2016 年 5 月 1 日至 2019 年 4 月 30 日这三年的期间内，持续跟踪主要消费—农牧渔产品行业并作出每股收益预测的分析师有 45 名。由表 2-3、表 2-4 可以看出，从平均预测准确性角度来看，排在前五名的分析师分别是：平安证券股份有限公司的文献、民生证券股份有限公司的陈柏儒、中国国际金融股份有限公司的袁霏阳、华创证券有限责任公司的王莺和海通证券股份有限公司的丁频。从最佳预测准确性角度来看，排在前五名的分析师分别是：长江证券股份有限公司的陈佳、天风证券股份有限公司的吴立、国泰君安证券股份有限公司的钟凯锋、海通证券股

份有限公司的丁频和广发证券股份有限公司的王乾。

表2-5 三年期分析师预测准确性评价—平均表现(2016.05.01—2019.04.30)
行业：信息技术—信息技术(含半导体、计算机及电子设备、计算机运用)

分析师姓名	平均表现排名	平均跟踪股票数量	所属证券公司
郭丽丽	1	1	方正证券股份有限公司
顾 晟	2	3	上海申银万国证券研究所有限公司
刘晓宁	3	4	上海申银万国证券研究所有限公司
王宇飞	4	3	中国国际金融股份有限公司
王 胜	5	7	兴业证券股份有限公司
冯福章	6	3	安信证券股份有限公司
陈 龙	7	3	民生证券股份有限公司
庞文亮	8	1	平安证券股份有限公司
缴文超	9	2	万联证券股份有限公司
陈 彦	10	1	中国国际金融股份有限公司
张 涛	11	6	上海证券有限责任公司
刘玉萍	12	6	招商证券股份有限公司
刘 荣	13	2	招商证券股份有限公司
李 典	14	1	国元证券股份有限公司
顾海波	15	6	中信证券股份有限公司
孙 婷	16	1	海通证券股份有限公司
王 超	17	2	招商证券股份有限公司
邱祖学	18	3	兴业证券股份有限公司
鞠兴海	19	1	国盛证券有限责任公司
代鹏举	20	2	国海证券股份有限公司

表 2-6　三年期分析师预测准确性评价—最佳表现(2016.05.01—2019.04.30)
行业：信息技术—信息技术(含半导体、计算机及电子设备、计算机运用)

分析师姓名	最佳表现排名	平均跟踪股票数量	所属证券公司
胡又文	1	65	安信证券股份有限公司
卢　婷	2	31	中国国际金融股份有限公司
许兴军	3	21	广发证券股份有限公司
郑宏达	4	48	海通证券股份有限公司
边铁城	5	17	信达证券股份有限公司
谢春生	6	54	中泰证券股份有限公司
文　浩	7	11	天风证券股份有限公司
刘　洋	8	27	上海申银万国证券研究所有限公司
沈海兵	9	33	天风证券股份有限公司
刘　亮	10	27	兴业证券股份有限公司
刘泽晶	11	34	招商证券股份有限公司
刘雪峰	12	30	广发证券股份有限公司
张若海	13	24	中信证券股份有限公司
何　晨	14	13	财富证券有限责任公司
孙远峰	15	21	安信证券股份有限公司
闻学臣	16	34	东北证券股份有限公司
束海峰	17	16	华创证券有限责任公司
高宏博	18	18	华泰证券股份有限公司
焦　娟	19	12	安信证券股份有限公司
刘　言	20	22	西南证券股份有限公司

在 2016 年 5 月 1 日至 2019 年 4 月 30 日这三年的期间内，持续跟踪信息技术—信息技术(含半导体、计算机及电子设备、计算机运用)行业并作出每股收益预测的分析师有 252 名。由表 2-5、表 2-6 可以看出，从平均预测准确性角度来看，排在前五名的分析师分别是：方正证券股份有限公司的郭丽丽、上海申银万国证券研究所有限公司的顾晟、上海申银万国证券研究所有限公司的刘晓宁、中国国际金融股份有限公司的王宇飞和兴业证券股份有限公司的王胜。从最佳预测准确性角度来看，排在前五名的分析师分别是：安信证券股份有限公司的胡又文、中国国际

金融股份有限公司的卢婷、广发证券股份有限公司的许兴军、海通证券股份有限公司的郑宏达和信达证券股份有限公司的边铁城。

表 2-7 三年期分析师预测准确性评价—平均表现(2016.05.01—2019.04.30)
行业：公用事业—公用事业

分析师姓名	平均表现排名	平均跟踪股票数量	所属证券公司
顾一弘	1	1	东北证券股份有限公司
苏 晨	2	2	兴业证券股份有限公司
沈 成	3	2	中银国际证券股份有限公司
李 想	4	3	中信证券股份有限公司
袁 理	5	1	东吴证券股份有限公司
刘晓宁	6	32	上海申银万国证券研究所有限公司
汪 洋	7	7	兴业证券股份有限公司
龚斯闻	8	8	财通证券股份有限公司
庞文亮	9	2	平安证券股份有限公司
王颖婷	10	7	西南证券股份有限公司
刘欣琦	11	1	国泰君安证券股份有限公司
杨心成	12	2	国盛证券有限责任公司
郭 鹏	13	8	广发证券股份有限公司
冀丽俊	14	5	上海证券有限责任公司
曾朵红	15	2	东吴证券股份有限公司
邵琳琳	16	8	安信证券股份有限公司
杨 睿	17	2	民生证券股份有限公司
郑丹丹	18	3	浙商证券股份有限公司
杨若木	19	2	东兴证券股份有限公司
王 璐	20	31	上海申银万国证券研究所有限公司

表 2-8　三年期分析师预测准确性评价—最佳表现(2016.05.01—2019.04.30)
行业：公用事业—公用事业

分析师姓名	最佳表现排名	平均跟踪股票数量	所属证券公司
刘晓宁	1	32	上海申银万国证券研究所有限公司
王璐	2	31	上海申银万国证券研究所有限公司
龚斯闻	3	8	财通证券股份有限公司
李想	4	3	中信证券股份有限公司
王颖婷	5	7	西南证券股份有限公司
汪洋	6	7	兴业证券股份有限公司
邵琳琳	7	8	安信证券股份有限公司
郭鹏	8	8	广发证券股份有限公司
冀丽俊	9	5	上海证券有限责任公司
万炜	10	11	中信建投证券股份有限公司
苏晨	11	2	兴业证券股份有限公司
郭丽丽	12	9	方正证券股份有限公司
朱纯阳	13	8	招商证券股份有限公司
郑丹丹	14	3	浙商证券股份有限公司
陈青青	15	5	国信证券股份有限公司
王祎佳	16	4	华创证券有限责任公司
沈成	17	2	中银国际证券股份有限公司
顾一弘	18	1	东北证券股份有限公司
崔霖	19	6	中信证券股份有限公司
张晨	20	6	招商证券股份有限公司

在 2016 年 5 月 1 日至 2019 年 4 月 30 日这三年的期间内,持续跟踪公用事业—公用事业行业并作出每股收益预测的分析师有 40 名。由表 2-7、表 2-8 可以看出,从平均预测准确性角度来看,排在前五名的分析师分别是：东北证券股份有限公司的顾一弘、兴业证券股份有限公司的苏晨、中银国际证券股份有限公司的沈成、中信证券股份有限公司的李想和东吴证券股份有限公司的袁理。从最佳预测准确性角度来看,排在前五名的分析师分别是：上海申银万国证券研究所有限公司的刘晓宁、上海申银万国证券研究所有限公司的王璐、财通证券股份有限公司的

龚斯闻、中信证券股份有限公司的李想和西南证券股份有限公司的王颖婷。

表 2-9　三年期分析师预测准确性评价—平均表现(2016.05.01—2019.04.30)
行业：医药卫生—医药卫生

分析师姓名	平均表现排名	平均跟踪股票数量	所属证券公司
罗　婷	1	1	中信建投证券股份有限公司
刘雪峰	2	1	广发证券股份有限公司
江　琦	3	33	中泰证券股份有限公司
谢春生	4	2	中泰证券股份有限公司
吴　立	5	6	天风证券股份有限公司
李　辉	6	1	天风证券股份有限公司
姜国平	7	1	光大证券股份有限公司
孙金钜	8	3	新时代证券股份有限公司
宋　涛	9	2	上海申银万国证券研究所有限公司
袁霏阳	10	3	中国国际金融股份有限公司
张若海	11	2	中信证券股份有限公司
邹　朋	12	42	中国国际金融股份有限公司
盛　夏	13	3	中信证券股份有限公司
钟凯锋	14	2	国泰君安证券股份有限公司
刘　威	15	3	海通证券股份有限公司
闻学臣	16	3	东北证券股份有限公司
孙　扬	17	3	中国国际金融股份有限公司
肖汉山	18	13	民生证券股份有限公司
赵金厚	19	4	上海申银万国证券研究所有限公司
唐爱金	20	17	广州广证恒生证券投资咨询有限公司

表 2-10　三年期分析师预测准确性评价—最佳表现(2016.05.01—2019.04.30)
行业：医药卫生—医药卫生

分析师姓名	最佳表现排名	平均跟踪股票数量	所属证券公司
江　琦	1	33	中泰证券股份有限公司
李敬雷	2	25	国金证券股份有限公司
张金洋	3	39	国盛证券有限责任公司
朱国广	4	86	西南证券股份有限公司
崔文亮	5	38	新时代证券股份有限公司
邹　朋	6	42	中国国际金融股份有限公司
周小刚	7	21	方正证券股份有限公司
刘舒畅	8	26	东北证券股份有限公司
江维娜	9	21	国信证券股份有限公司
季序我	10	21	东方证券股份有限公司
田加强	11	38	中信证券股份有限公司
徐佳熹	12	65	兴业证券股份有限公司
丁　丹	13	37	国泰君安证券股份有限公司
叶　寅	14	37	平安证券股份有限公司
杨烨辉	15	43	天风证券股份有限公司
邓周宇	16	20	中银国际证券股份有限公司
梁静静	17	8	安信证券股份有限公司
张文录	18	45	财通证券股份有限公司
李平祝	19	17	中国银河证券股份有限公司
代　雯	20	18	华泰证券股份有限公司

在 2016 年 5 月 1 日至 2019 年 4 月 30 日这三年的期间内,持续跟踪医药卫生—医药卫生行业并作出每股收益预测的分析师有 107 名。由表 2-9、表 2-10 可以看出,从平均预测准确性角度来看,排在前五名的分析师分别是：中信建投证券股份有限公司的罗婷、广发证券股份有限公司的刘雪峰、中泰证券股份有限公司的江琦、中泰证券股份有限公司的谢春生和天风证券股份有限公司的吴立。从最佳预测准确性角度来看,排在前五名的分析师分别是：中泰证券股份有限公司的江琦、国金证券股份有限公司的李敬雷、国盛证券有限责任公司的张金洋、西南证券股份

有限公司的朱国广和新时代证券股份有限公司的崔文亮。

表2-11 三年期分析师预测准确性评价—平均表现(2016.05.01—2019.04.30)
行业：原材料—原材料1(含化学制品、化学原料)

分析师姓名	平均表现排名	平均跟踪股票数量	所属证券公司
王凤华	1	5	联讯证券股份有限公司
王祎佳	2	2	华创证券有限责任公司
李隆海	3	3	东莞证券股份有限公司
刘晓宁	4	2	上海申银万国证券研究所有限公司
杨　云	5	6	浙商证券股份有限公司
王　璐	6	1	上海申银万国证券研究所有限公司
邹润芳	7	2	天风证券股份有限公司
张　宇	8	4	海通证券股份有限公司
宋　涛	9	37	上海申银万国证券研究所有限公司
徐留明	10	37	兴业证券股份有限公司
游家训	11	2	招商证券股份有限公司
杨诚笑	12	2	天风证券股份有限公司
廖鹏飞	13	7	东兴证券股份有限公司
周　铮	14	25	招商证券股份有限公司
姚　键	15	1	国信证券股份有限公司
刘晓波	16	1	光大证券股份有限公司
龚　里	17	1	兴业证券股份有限公司
曾朵红	18	3	东吴证券股份有限公司
鲍荣富	19	3	华泰证券股份有限公司
钱佳佳	20	4	海通证券股份有限公司

表 2-12 三年期分析师预测准确性评价—最佳表现(2016.05.01—2019.04.30)
行业：原材料—原材料1(含化学制品、化学原料)

分析师姓名	最佳表现排名	平均跟踪股票数量	所属证券公司
马 太	1	12	长江证券股份有限公司
徐留明	2	37	兴业证券股份有限公司
代鹏举	3	32	国海证券股份有限公司
宋 涛	4	37	上海申银万国证券研究所有限公司
周 铮	5	25	招商证券股份有限公司
李明刚	6	25	国泰君安证券股份有限公司
李 辉	7	23	天风证券股份有限公司
商艾华	8	37	中泰证券股份有限公司
王剑雨	9	17	广发证券股份有限公司
刘 威	10	72	海通证券股份有限公司
杨 林	11	25	西南证券股份有限公司
杨 云	12	6	浙商证券股份有限公司
王席鑫	13	19	国盛证券有限责任公司
刘 曦	14	19	华泰证券股份有限公司
王凤华	15	5	联讯证券股份有限公司
黄莉莉	16	19	中信证券股份有限公司
廖鹏飞	17	7	东兴证券股份有限公司
邹 戈	18	5	广发证券股份有限公司
姚 鑫	19	23	招商证券股份有限公司
鲍雁辛	20	4	国泰君安证券股份有限公司

在2016年5月1日至2019年4月30日这三年的期间内,持续跟踪原材料—原材料1(含化学制品、化学原料)行业并作出每股收益预测的分析师有128名。由表2-11、表2-12可以看出,从平均预测准确性角度来看,排在前五名的分析师分别是：联讯证券股份有限公司的王凤华、华创证券有限责任公司的王祎佳、东莞证券股份有限公司的李隆海、上海申银万国证券研究所有限公司的刘晓宁和浙商证券股份有限公司的杨云。从最佳预测准确性角度来看,排在前五名的分析师分别是：长江证券股份有限公司的马太、兴业证券股份有限公司的徐留明、国海证券

股份有限公司的代鹏举、上海申银万国证券研究所有限公司的宋涛和招商证券股份有限公司的周铮。

表 2-13　三年期分析师预测准确性评价—平均表现(2016.05.01—2019.04.30)
行业：原材料—原材料 2(含建筑材料、有色金属、钢铁、非金属采矿及制品)

分析师姓名	平均表现排名	平均跟踪股票数量	所属证券公司
吕　娟	1	1	方正证券股份有限公司
李俊松	2	6	中泰证券股份有限公司
王招华	3	9	光大证券股份有限公司
陶贻功	4	5	民生证券股份有限公司
笃　慧	5	22	中泰证券股份有限公司
郭　鹏	6	1	广发证券股份有限公司
廖　淦	7	2	国金证券股份有限公司
鲍雁辛	8	18	国泰君安证券股份有限公司
徐若旭	9	13	上海申银万国证券研究所有限公司
范　超	10	10	长江证券股份有限公司
刘晶敏	11	1	太平洋证券股份有限公司
邹　戈	12	8	广发证券股份有限公司
陈浩武	13	11	光大证券股份有限公司
李　佳	14	2	华创证券有限责任公司
陈　彦	15	29	中国国际金融股份有限公司
孙伟风	16	6	光大证券股份有限公司
李华丰	17	11	兴业证券股份有限公司
杨　超	18	4	长城证券股份有限公司
王玮嘉	19	1	华泰证券股份有限公司
范海波	20	13	信达证券股份有限公司

表 2-14　三年期分析师预测准确性评价—最佳表现(2016.05.01—2019.04.30)
行业：原材料—原材料2(含建筑材料、有色金属、钢铁、非金属采矿及制品)

分析师姓名	最佳表现排名	平均跟踪股票数量	所属证券公司
鲍雁辛	1	18	国泰君安证券股份有限公司
陶贻功	2	5	民生证券股份有限公司
陈浩武	3	11	光大证券股份有限公司
笃慧	4	22	中泰证券股份有限公司
王招华	5	9	光大证券股份有限公司
巨国贤	6	24	广发证券股份有限公司
杨诚笑	7	27	天风证券股份有限公司
邹戈	8	8	广发证券股份有限公司
任志强	9	45	华创证券有限责任公司
邱祖学	10	47	兴业证券股份有限公司
鲍荣富	11	11	华泰证券股份有限公司
李斌	12	23	华泰证券股份有限公司
刘华峰	13	17	国泰君安证券股份有限公司
李华丰	14	11	兴业证券股份有限公司
陈彦	15	29	中国国际金融股份有限公司
杨坤河	16	15	太平洋证券股份有限公司
范海波	17	13	信达证券股份有限公司
王鹤涛	18	18	长江证券股份有限公司
龙靓	19	10	财富证券有限责任公司
赵鑫	20	17	广发证券股份有限公司

在2016年5月1日至2019年4月30日这三年的期间内，持续跟踪原材料—原材料2(含建筑材料、有色金属、钢铁、非金属采矿及制品)行业并作出每股收益预测的分析师有87名。由表2-13、表2-14可以看出，从平均预测准确性角度来看，排在前五名的分析师分别是：方正证券股份有限公司的吕娟、中泰证券股份有限公司的李俊松、光大证券股份有限公司的王招华、民生证券股份有限公司的陶贻功和中泰证券股份有限公司的笃慧。从最佳预测准确性角度来看，排在前五名的分析师分别是：国泰君安证券股份有限公司的鲍雁辛、民生证券股份有限公司的

陶贻功、光大证券股份有限公司的陈浩武、中泰证券股份有限公司的笃慧和光大证券股份有限公司的王招华。

表 2-15　三年期分析师预测准确性评价—平均表现(2016.05.01—2019.04.30)
行业：原材料—轻工(含家庭与个人用品、容器与包装、纸类与林业产品)

分析师姓名	平均表现排名	平均跟踪股票数量	所属证券公司
邹　戈	1	2	广发证券股份有限公司
刘晓波	2	1	光大证券股份有限公司
樊俊豪	3	7	中国国际金融股份有限公司
周　羽	4	2	中信证券股份有限公司
谢　璐	5	2	广发证券股份有限公司
田加强	6	1	中信证券股份有限公司
周海晨	7	10	上海申银万国证券研究所有限公司
陈羽锋	8	7	华泰证券股份有限公司
花小伟	9	11	中信建投证券股份有限公司
徐晓芳	10	3	中信证券股份有限公司
周文波	11	7	安信证券股份有限公司
徐林锋	12	6	方正证券股份有限公司
訾　猛	13	3	国泰君安证券股份有限公司
鲍荣富	14	2	华泰证券股份有限公司
鲍雁辛	15	2	国泰君安证券股份有限公司
杨志威	16	4	中银国际证券股份有限公司
焦　娟	17	1	安信证券股份有限公司
洪　涛	18	2	广发证券股份有限公司
赵中平	19	8	广发证券股份有限公司
黄诗涛	20	1	国盛证券有限责任公司

表 2-16 三年期分析师预测准确性评价—最佳表现(2016.05.01—2019.04.30)
行业：原材料—轻工(含家庭与个人用品、容器与包装、纸类与林业产品)

分析师姓名	最佳表现排名	平均跟踪股票数量	所属证券公司
徐林锋	1	6	方正证券股份有限公司
樊俊豪	2	7	中国国际金融股份有限公司
周海晨	3	10	上海申银万国证券研究所有限公司
花小伟	4	11	中信建投证券股份有限公司
陈柏儒	5	7	民生证券股份有限公司
赵中平	6	8	广发证券股份有限公司
唐 凯	7	5	东北证券股份有限公司
杨志威	8	4	中银国际证券股份有限公司
陈羽锋	9	7	华泰证券股份有限公司
屠亦婷	10	10	上海申银万国证券研究所有限公司
穆方舟	11	6	国泰君安证券股份有限公司
周文波	12	7	安信证券股份有限公司
范张翔	13	8	天风证券股份有限公司
郑 恺	14	11	招商证券股份有限公司
李宏鹏	15	11	招商证券股份有限公司
鄢 鹏	16	5	长江证券股份有限公司
雷慧华	17	6	安信证券股份有限公司
周 羽	18	2	中信证券股份有限公司
林昕宇	19	3	国泰君安证券股份有限公司
濮冬燕	20	10	招商证券股份有限公司

在 2016 年 5 月 1 日至 2019 年 4 月 30 日这三年的期间内，持续跟踪原材料—轻工(含家庭与个人用品、容器与包装、纸类与林业产品)行业并作出每股收益预测的分析师有 54 名。由表 2-15、表 2-16 可以看出，从平均预测准确性角度来看，排在前五名的分析师分别是：广发证券股份有限公司的邹戈、光大证券股份有限公司的刘晓波、中国国际金融股份有限公司的樊俊豪、中信证券股份有限公司的周羽和广发证券股份有限公司的谢璐。从最佳预测准确性角度来看，排在前五名的分析师分别是：方正证券股份有限公司的徐林锋、中国国际金融股份有限公司的樊

俊豪、上海申银万国证券研究所有限公司的周海晨、中信建投证券股份有限公司的花小伟和民生证券股份有限公司的陈柏儒。

表2-17 三年期分析师预测准确性评价—平均表现(2016.05.01—2019.04.30)
行业：可选消费—传媒

分析师姓名	平均表现排名	平均跟踪股票数量	所属证券公司
杨　云	1	1	浙商证券股份有限公司
孟　玮	2	17	中国国际金融股份有限公司
周建华	3	6	上海申银万国证券研究所有限公司
文　浩	4	9	天风证券股份有限公司
汪　澄	5	4	上海申银万国证券研究所有限公司
丁婉贝	6	16	兴业证券股份有限公司
陶　冶	7	8	财通证券股份有限公司
李　典	8	3	国元证券股份有限公司
唐思思	9	7	中信证券股份有限公司
康雅雯	10	14	中泰证券股份有限公司
陈净娴	11	8	联讯证券股份有限公司
刘　言	12	16	西南证券股份有限公司
杨仁文	13	6	方正证券股份有限公司
顾　晟	14	1	上海申银万国证券研究所有限公司
徐　艺	15	4	国联证券股份有限公司
胡　皓	16	8	新时代证券股份有限公司
廖绪发	17	4	北京高华证券有限责任公司
旷　实	18	8	广发证券股份有限公司
焦　娟	19	16	安信证券股份有限公司
朱　峰	20	4	国泰君安证券股份有限公司

表 2-18 三年期分析师预测准确性评价—最佳表现（2016.05.01—2019.04.30）
行业：可选消费—传媒

分析师姓名	最佳表现排名	平均跟踪股票数量	所属证券公司
丁婉贝	1	16	兴业证券股份有限公司
孟玮	2	17	中国国际金融股份有限公司
钟奇	3	35	民生证券股份有限公司
郝艳辉	4	20	海通证券股份有限公司
刘言	5	16	西南证券股份有限公司
文浩	6	9	天风证券股份有限公司
康雅雯	7	14	中泰证券股份有限公司
张衡	8	15	国信证券股份有限公司
陈筱	9	12	国泰君安证券股份有限公司
陶冶	10	8	财通证券股份有限公司
周建华	11	6	上海申银万国证券研究所有限公司
顾佳	12	10	招商证券股份有限公司
林起贤	13	5	国盛证券有限责任公司
杨仁文	14	6	方正证券股份有限公司
朱峰	15	4	国泰君安证券股份有限公司
汪澄	16	4	上海申银万国证券研究所有限公司
胡嘉铭	17	5	群益证券（香港）有限公司
焦娟	18	16	安信证券股份有限公司
张良卫	19	10	东吴证券股份有限公司
许娟	20	10	华泰证券股份有限公司

在2016年5月1日至2019年4月30日这三年的期间内，持续跟踪可选消费—传媒行业并作出每股收益预测的分析师有46名。由表2-17、表2-18可以看出，从平均预测准确性角度来看，排在前五名的分析师分别是：浙商证券股份有限公司的杨云、中国国际金融股份有限公司的孟玮、上海申银万国证券研究所有限公司的周建华、天风证券股份有限公司的文浩和上海申银万国证券研究所有限公司的汪澄。从最佳预测准确性角度来看，排在前五名的分析师分别是：兴业证券股份有限公司的丁婉贝、中国国际金融股份有限公司的孟玮、民生证券股份有限公司

的钟奇、海通证券股份有限公司的郝艳辉和西南证券股份有限公司的刘言。

表2-19 三年期分析师预测准确性评价—平均表现(2016.05.01—2019.04.30)
行业：可选消费—汽车与汽车零部件

分析师姓名	平均表现排名	平均跟踪股票数量	所属证券公司
董瑞斌	1	2	招商证券股份有限公司
张 衡	2	1	国信证券股份有限公司
奉 玮	3	28	中国国际金融股份有限公司
汪刘胜	4	19	招商证券股份有限公司
孙浩然	5	5	方正证券股份有限公司
王书伟	6	2	安信证券股份有限公司
陈显帆	7	3	东吴证券股份有限公司
唐佳睿	8	1	光大证券股份有限公司
刘 洋	9	17	西南证券股份有限公司
郑连声	10	11	渤海证券股份有限公司
陈俊斌	11	16	中信证券股份有限公司
王 鹏	12	2	浙商证券股份有限公司
于 特	13	27	方正证券股份有限公司
曾朵红	14	1	东吴证券股份有限公司
谢志才	15	18	华泰证券股份有限公司
杨若木	16	10	东兴证券股份有限公司
文 浩	17	1	天风证券股份有限公司
张 乐	18	13	广发证券股份有限公司
刘 威	19	2	海通证券股份有限公司
王德安	20	17	平安证券股份有限公司

表2-20 三年期分析师预测准确性评价—最佳表现(2016.05.01—2019.04.30)
行业：可选消费—汽车与汽车零部件

分析师姓名	最佳表现排名	平均跟踪股票数量	所属证券公司
奉玮	1	28	中国国际金融股份有限公司
周绍倩	2	16	国海证券股份有限公司
邓学	3	21	天风证券股份有限公司
于特	4	27	方正证券股份有限公司
姜雪晴	5	15	东方证券股份有限公司
汪刘胜	6	19	招商证券股份有限公司
谢志才	7	18	华泰证券股份有限公司
彭勇	8	21	财通证券股份有限公司
马松	9	13	国联证券股份有限公司
刘洋	10	17	西南证券股份有限公司
林帆	11	16	华金证券股份有限公司
梁超	12	16	国信证券股份有限公司
杨若木	13	10	东兴证券股份有限公司
王冠桥	14	22	兴业证券股份有限公司
白宇	15	23	太平洋证券股份有限公司
陈俊斌	16	16	中信证券股份有限公司
张乐	17	13	广发证券股份有限公司
岳清慧	18	19	方正证券股份有限公司
郑连声	19	11	渤海证券股份有限公司
黄细里	20	9	浙商证券股份有限公司

在2016年5月1日至2019年4月30日这三年的期间内，持续跟踪可选消费—汽车与汽车零部件行业并作出每股收益预测的分析师有76名。由表2-19、表2-20可以看出，从平均预测准确性角度来看，排在前五名的分析师分别是：招商证券股份有限公司的董瑞斌、国信证券股份有限公司的张衡、中国国际金融股份有限公司的奉玮、招商证券股份有限公司的汪刘胜和方正证券股份有限公司的孙浩然。从最佳预测准确性角度来看，排在前五名的分析师分别是：中国国际金融股份有限公司的奉玮、国海证券股份有限公司的周绍倩、天风证券股份有限公司的邓学、

方正证券股份有限公司的于特和东方证券股份有限公司的姜雪晴。

表 2-21　三年期分析师预测准确性评价—平均表现(2016.05.01—2019.04.30)
行业：可选消费—消费者服务、耐用消费品与服装

分析师姓名	平均表现排名	平均跟踪股票数量	所属证券公司
孟 玮	1	1	中国国际金融股份有限公司
王宇飞	2	1	中国国际金融股份有限公司
黎韬扬	3	1	中信建投证券股份有限公司
唐佳睿	4	5	光大证券股份有限公司
何文雯	5	1	天风证券股份有限公司
杨烨辉	6	1	天风证券股份有限公司
刘 言	7	2	西南证券股份有限公司
孙 珊	8	7	长江证券股份有限公司
管泉森	9	12	长江证券股份有限公司
徐 春	10	13	长江证券股份有限公司
许 娟	11	1	华泰证券股份有限公司
洪 涛	12	3	广发证券股份有限公司
王建伟	13	1	东北证券股份有限公司
樊俊豪	14	6	中国国际金融股份有限公司
印 培	15	1	中国国际金融股份有限公司
张 涛	16	2	上海证券有限责任公司
李 锦	17	2	长江证券股份有限公司
何 伟	18	22	中国国际金融股份有限公司
周文波	19	5	安信证券股份有限公司
徐林锋	20	8	方正证券股份有限公司

表 2-22 三年期分析师预测准确性评价—最佳表现(2016.05.01—2019.04.30)
行业：可选消费—消费者服务、耐用消费品与服装

分析师姓名	最佳表现排名	平均跟踪股票数量	所属证券公司
糜韩杰	1	26	广发证券股份有限公司
于旭辉	2	18	长江证券股份有限公司
姜 娅	3	15	中信证券股份有限公司
李跃博	4	31	兴业证券股份有限公司
孙 好	5	21	招商证券股份有限公司
陈子仪	6	18	海通证券股份有限公司
钱 建	7	16	国联证券股份有限公司
施红梅	8	26	东方证券股份有限公司
唐佳睿	9	5	光大证券股份有限公司
徐 春	10	13	长江证券股份有限公司
张立聪	11	21	安信证券股份有限公司
陈天蛟	12	6	太平洋证券股份有限公司
谢宁铃	13	6	光大证券股份有限公司
周文波	14	5	安信证券股份有限公司
唐 凯	15	13	东北证券股份有限公司
何 伟	16	22	中国国际金融股份有限公司
刘章明	17	22	天风证券股份有限公司
魏红梅	18	17	东莞证券股份有限公司
陈柏儒	19	13	民生证券股份有限公司
曾 婵	20	20	广发证券股份有限公司

在 2016 年 5 月 1 日至 2019 年 4 月 30 日这三年的期间内,持续跟踪可选消费—消费者服务、耐用消费品与服装行业并作出每股收益预测的分析师有 161 名。由表 2-21、表 2-22 可以看出,从平均预测准确性角度来看,排在前五名的分析师分别是：中国国际金融股份有限公司的孟玮、中国国际金融股份有限公司的王宇飞、中信建投证券股份有限公司的黎韬扬、光大证券股份有限公司的唐佳睿和天风证券股份有限公司的何文雯。从最佳预测准确性角度来看,排在前五名的分析师分别是：广发证券股份有限公司的糜韩杰、长江证券股份有限公司的于旭辉、中信

证券股份有限公司的姜娅、兴业证券股份有限公司的李跃博和招商证券股份有限公司的孙妤。

表2-23 三年期分析师预测准确性评价—平均表现(2016.05.01—2019.04.30)
行业：可选消费—零售业

分析师姓名	平均表现排名	平均跟踪股票数量	所属证券公司
鄢 鹏	1	1	长江证券股份有限公司
陈照林	2	1	东北证券股份有限公司
刘 丽	3	1	招商证券股份有限公司
赵中平	4	1	广发证券股份有限公司
李 婕	5	2	光大证券股份有限公司
唐佳睿	6	28	光大证券股份有限公司
瞿永忠	7	4	东北证券股份有限公司
孙 妤	8	2	招商证券股份有限公司
李 锦	9	9	长江证券股份有限公司
郭海燕	10	10	中国国际金融股份有限公司
汪立亭	11	16	海通证券股份有限公司
訾 猛	12	14	国泰君安证券股份有限公司
施红梅	13	1	东方证券股份有限公司
樊俊豪	14	12	中国国际金融股份有限公司
李跃博	15	3	兴业证券股份有限公司
徐晓芳	16	11	中信证券股份有限公司
洪 涛	17	15	广发证券股份有限公司
赵越峰	18	1	东方证券股份有限公司
穆方舟	19	1	国泰君安证券股份有限公司
周 羽	20	10	中信证券股份有限公司

表 2-24 三年期分析师预测准确性评价—最佳表现(2016.05.01—2019.04.30)
行业：可选消费—零售业

分析师姓名	最佳表现排名	平均跟踪股票数量	所属证券公司
唐佳睿	1	28	光大证券股份有限公司
訾 猛	2	14	国泰君安证券股份有限公司
李 锦	3	9	长江证券股份有限公司
樊俊豪	4	12	中国国际金融股份有限公司
刘章明	5	13	天风证券股份有限公司
陈彦辛	6	12	国泰君安证券股份有限公司
汪立亭	7	16	海通证券股份有限公司
徐晓芳	8	11	中信证券股份有限公司
洪 涛	9	15	广发证券股份有限公司
周 羽	10	10	中信证券股份有限公司
郭海燕	11	10	中国国际金融股份有限公司
瞿永忠	12	4	东北证券股份有限公司
彭 瑛	13	9	国泰君安证券股份有限公司
王俊杰	14	12	兴业证券股份有限公司
彭 毅	15	6	中泰证券股份有限公司
鄢 鹏	16	1	长江证券股份有限公司
李 婕	17	2	光大证券股份有限公司
倪 华	18	7	方正证券股份有限公司
李跃博	19	3	兴业证券股份有限公司
罗贤飞	20	8	方正证券股份有限公司

在 2016 年 5 月 1 日至 2019 年 4 月 30 日这三年的期间内，持续跟踪可选消费—零售业行业并作出每股收益预测的分析师有 42 名。由表 2-23、表 2-24 可以看出，从平均预测准确性角度来看，排在前五名的分析师分别是：长江证券股份有限公司的鄢鹏、东北证券股份有限公司的陈照林、招商证券股份有限公司的刘丽、广发证券股份有限公司的赵中平和光大证券股份有限公司的李婕。从最佳预测准确性角度来看，排在前五名的分析师分别是：光大证券股份有限公司的唐佳睿、国泰君安证券股份有限公司的訾猛、长江证券股份有限公司的李锦、中国国际金融股份

有限公司的樊俊豪和天风证券股份有限公司的刘章明。

表2-25 三年期分析师预测准确性评价—平均表现(2016.05.01—2019.04.30)
行业：工业—交通运输

分析师姓名	平均表现排名	平均跟踪股票数量	所属证券公司
郑 武	1	11	国泰君安证券股份有限公司
杨 鑫	2	29	中国国际金融股份有限公司
陈 慎	3	1	中信建投证券股份有限公司
岳 鑫	4	8	国泰君安证券股份有限公司
姜 明	5	30	天风证券股份有限公司
沈晓峰	6	22	华泰证券股份有限公司
龚 里	7	30	兴业证券股份有限公司
沈 涛	8	2	广发证券股份有限公司
韩轶超	9	21	长江证券股份有限公司
吴一凡	10	22	华创证券有限责任公司
苏宝亮	11	27	招商证券股份有限公司
瞿永忠	12	25	东北证券股份有限公司
皇甫晓晗	13	4	国泰君安证券股份有限公司
明 兴	14	10	安信证券股份有限公司
陈 晓	15	10	国联证券股份有限公司
王晓艳	16	21	联讯证券股份有限公司
吉 理	17	9	兴业证券股份有限公司
安 鹏	18	2	广发证券股份有限公司
虞 楠	19	15	海通证券股份有限公司
刘 正	20	18	中信证券股份有限公司

表 2-26　三年期分析师预测准确性评价—最佳表现(2016.05.01—2019.04.30)
行业：工业—交通运输

分析师姓名	最佳表现排名	平均跟踪股票数量	所属证券公司
郑　武	1	11	国泰君安证券股份有限公司
沈晓峰	2	22	华泰证券股份有限公司
龚　里	3	30	兴业证券股份有限公司
姜　明	4	30	天风证券股份有限公司
杨　鑫	5	29	中国国际金融股份有限公司
苏宝亮	6	27	招商证券股份有限公司
刘　正	7	18	中信证券股份有限公司
瞿永忠	8	25	东北证券股份有限公司
吴一凡	9	22	华创证券有限责任公司
韩轶超	10	21	长江证券股份有限公司
罗江南	11	17	长城证券股份有限公司
王晓艳	12	21	联讯证券股份有限公司
张晓云	13	14	兴业证券股份有限公司
王品辉	14	7	兴业证券股份有限公司
岳　鑫	15	8	国泰君安证券股份有限公司
陆　达	16	17	光大证券股份有限公司
商　田	17	11	广发证券股份有限公司
虞　楠	18	15	海通证券股份有限公司
明　兴	19	10	安信证券股份有限公司
王春环	20	7	兴业证券股份有限公司

在 2016 年 5 月 1 日至 2019 年 4 月 30 日这三年的期间内,持续跟踪工业—交通运输行业并作出每股收益预测的分析师有 30 名。由表 2-25、表 2-26 可以看出,从平均预测准确性角度来看,排在前五名的分析师分别是：国泰君安证券股份有限公司的郑武、中国国际金融股份有限公司的杨鑫、中信建投证券股份有限公司的陈慎、国泰君安证券股份有限公司的岳鑫和天风证券股份有限公司的姜明。从最佳预测准确性角度来看,排在前五名的分析师分别是：国泰君安证券股份有限公司的郑武、华泰证券股份有限公司的沈晓峰、兴业证券股份有限公司的龚里、天

风证券股份有限公司的姜明和中国国际金融股份有限公司的杨鑫。

表2-27 三年期分析师预测准确性评价—平均表现(2016.05.01—2019.04.30)
行业：工业—商业服务与用品

分析师姓名	平均表现排名	平均跟踪股票数量	所属证券公司
祖国鹏	1	1	中信证券股份有限公司
巨国贤	2	1	广发证券股份有限公司
刘欣琦	3	1	国泰君安证券股份有限公司
孔令鑫	4	1	中国国际金融股份有限公司
杨志威	5	2	中银国际证券股份有限公司
涂力磊	6	1	海通证券股份有限公司
雷慧华	7	2	安信证券股份有限公司
訾猛	8	3	国泰君安证券股份有限公司
陈彦辛	9	2	国泰君安证券股份有限公司
郭海燕	10	1	中国国际金融股份有限公司
周文波	11	3	安信证券股份有限公司
赵湘怀	12	2	安信证券股份有限公司
陈筱	13	2	国泰君安证券股份有限公司
鲍荣富	14	2	华泰证券股份有限公司
杨诚笑	15	1	天风证券股份有限公司
谭倩	16	3	国海证券股份有限公司
花小伟	17	5	中信建投证券股份有限公司
刘晓宁	18	1	上海申银万国证券研究所有限公司
杜市伟	19	2	海通证券股份有限公司
龚里	20	1	兴业证券股份有限公司

表 2-28 三年期分析师预测准确性评价—最佳表现(2016.05.01—2019.04.30)
行业：工业—商业服务与用品

分析师姓名	最佳表现排名	平均跟踪股票数量	所属证券公司
花小伟	1	5	中信建投证券股份有限公司
谭倩	2	3	国海证券股份有限公司
祖国鹏	3	1	中信证券股份有限公司
徐林锋	4	4	方正证券股份有限公司
訾猛	5	3	国泰君安证券股份有限公司
樊俊豪	6	5	中国国际金融股份有限公司
周文波	7	3	安信证券股份有限公司
陈筱	8	2	国泰君安证券股份有限公司
刘章明	9	6	天风证券股份有限公司
陈彦辛	10	2	国泰君安证券股份有限公司
夏天	11	3	国盛证券有限责任公司
龙靓	12	2	财富证券有限责任公司
岳恒宇	13	5	天风证券股份有限公司
杨志威	14	2	中银国际证券股份有限公司
雷慧华	15	2	安信证券股份有限公司
鲍荣富	16	2	华泰证券股份有限公司
巨国贤	17	1	广发证券股份有限公司
刘欣琦	18	1	国泰君安证券股份有限公司
唐笑	19	4	天风证券股份有限公司
赵中平	20	3	广发证券股份有限公司

在 2016 年 5 月 1 日至 2019 年 4 月 30 日这三年的期间内，持续跟踪工业—商业服务与用品行业并作出每股收益预测的分析师有 88 名。由表 2-27、表 2-28 可以看出，从平均预测准确性角度来看，排在前五名的分析师分别是：中信证券股份有限公司的祖国鹏、广发证券股份有限公司的巨国贤、国泰君安证券股份有限公司的刘欣琦、中国国际金融股份有限公司的孔令鑫和中银国际证券股份有限公司的杨志威。从最佳预测准确性角度来看，排在前五名的分析师分别是：中信建投证券股份有限公司的花小伟、国海证券股份有限公司的谭倩、中信证券股份有限公司

的祖国鹏、方正证券股份有限公司的徐林锋和国泰君安证券股份有限公司的訾猛。

表2-29 三年期分析师预测准确性评价—平均表现(2016.05.01—2019.04.30)
行业：工业—资本品1(含工业集团企业、建筑与工程、建筑产品)

分析师姓名	平均表现排名	平均跟踪股票数量	所属证券公司
谢 璐	1	2	广发证券股份有限公司
邹 戈	2	2	广发证券股份有限公司
钟 奇	3	1	海通证券股份有限公司
花小伟	4	2	中信建投证券股份有限公司
杨 侃	5	2	民生证券股份有限公司
刘 萍	6	7	联讯证券股份有限公司
冯晨阳	7	4	海通证券股份有限公司
陶贻功	8	3	民生证券股份有限公司
吴慧敏	9	19	中国国际金融股份有限公司
范 超	10	14	长江证券股份有限公司
李华丰	11	3	兴业证券股份有限公司
钱佳佳	12	4	海通证券股份有限公司
夏 天	13	23	国盛证券有限责任公司
韩其成	14	30	国泰君安证券股份有限公司
杨 涛	15	9	国盛证券有限责任公司
杨 侃	16	1	平安证券股份有限公司
朱纯阳	17	1	招商证券股份有限公司
王小勇	18	23	新时代证券股份有限公司
黄道立	19	9	国信证券股份有限公司
唐 笑	20	35	天风证券股份有限公司

表 2-30 三年期分析师预测准确性评价—最佳表现(2016.05.01—2019.04.30)
行业：工业—资本品1(含工业集团企业、建筑与工程、建筑产品)

分析师姓名	最佳表现排名	平均跟踪股票数量	所属证券公司
孟 杰	1	31	兴业证券股份有限公司
王小勇	2	23	新时代证券股份有限公司
李 杨	3	18	上海申银万国证券研究所有限公司
韩其成	4	30	国泰君安证券股份有限公司
夏 天	5	23	国盛证券有限责任公司
吴慧敏	6	19	中国国际金融股份有限公司
鲍荣富	7	31	华泰证券股份有限公司
唐 笑	8	35	天风证券股份有限公司
杨 涛	9	9	国盛证券有限责任公司
苏多永	10	23	安信证券股份有限公司
杜市伟	11	16	海通证券股份有限公司
黄道立	12	9	国信证券股份有限公司
李峙屹	13	20	上海申银万国证券研究所有限公司
岳恒宇	14	33	天风证券股份有限公司
徐慧强	15	17	国泰君安证券股份有限公司
陈 笑	16	28	国泰君安证券股份有限公司
严晓情	17	7	平安证券股份有限公司
黄俊伟	18	23	国金证券股份有限公司
邹 戈	19	2	广发证券股份有限公司
刘 萍	20	7	联讯证券股份有限公司

在2016年5月1日至2019年4月30日这三年的期间内，持续跟踪工业—资本品1(含工业集团企业、建筑与工程、建筑产品)行业并作出每股收益预测的分析师有53名。由表2-29、表2-30可以看出，从平均预测准确性角度来看，排在前五名的分析师分别是：广发证券股份有限公司的谢璐、广发证券股份有限公司的邹戈、海通证券股份有限公司的钟奇、中信建投证券股份有限公司的花小伟和民生证券股份有限公司的杨侃。从最佳预测准确性角度来看，排在前五名的分析师分别是：兴业证券股份有限公司的孟杰、新时代证券股份有限公司的王小勇、上海申银

万国证券研究所有限公司的李杨、国泰君安证券股份有限公司的韩其成和国盛证券有限责任公司的夏天。

表 2-31 三年期分析师预测准确性评价—平均表现(2016.05.01—2019.04.30)

行业:工业—资本品 2(机械制造)

分析师姓名	平均表现排名	平均跟踪股票数量	所属证券公司
徐若旭	1	1	上海申银万国证券研究所有限公司
高 登	2	2	长江证券股份有限公司
张立聪	3	2	安信证券股份有限公司
王 璐	4	3	上海申银万国证券研究所有限公司
王德安	5	1	平安证券股份有限公司
欧子辰	6	2	华创证券有限责任公司
陈宇哲	7	1	东方证券股份有限公司
奉 玮	8	4	中国国际金融股份有限公司
范海波	9	5	信达证券股份有限公司
刘文平	10	1	招商证券股份有限公司
任志强	11	1	华创证券有限责任公司
蔡雯娟	12	1	天风证券股份有限公司
刘晓宁	13	5	上海申银万国证券研究所有限公司
韩振国	14	2	方正证券股份有限公司
赵 晨	15	4	光大证券股份有限公司
曾 韬	16	1	中国国际金融股份有限公司
王宇飞	17	4	中国国际金融股份有限公司
王祎佳	18	1	华创证券有限责任公司
杨 鑫	19	1	中国国际金融股份有限公司
佘炜超	20	20	海通证券股份有限公司

表 2-32　三年期分析师预测准确性评价—最佳表现(2016.05.01—2019.04.30)
行业：工业—资本品 2(机械制造)

分析师姓名	最佳表现排名	平均跟踪股票数量	所属证券公司
罗立波	1	37	广发证券股份有限公司
成尚汶	2	46	兴业证券股份有限公司
陈显帆	3	31	东吴证券股份有限公司
黄 琨	4	24	国泰君安证券股份有限公司
李 佳	5	42	华创证券有限责任公司
刘 荣	6	35	招商证券股份有限公司
吕 娟	7	34	方正证券股份有限公司
王书伟	8	41	安信证券股份有限公司
王凤华	9	13	联讯证券有限责任公司
冯 胜	10	29	国海证券股份有限公司
韦 钰	11	12	国泰君安证券股份有限公司
曲小溪	12	24	长城证券股份有限公司
刘 军	13	29	东北证券股份有限公司
奉 玮	14	4	中国国际金融股份有限公司
邹润芳	15	36	天风证券股份有限公司
贺泽安	16	16	国信证券股份有限公司
章 诚	17	18	华泰证券股份有限公司
王华君	18	26	中泰证券股份有限公司
邵 锐	19	10	上海证券有限责任公司
马 松	20	16	国联证券股份有限公司

在 2016 年 5 月 1 日至 2019 年 4 月 30 日这三年的期间内，持续跟踪工业—资本品 2(机械制造)行业并作出每股收益预测的分析师有 145 名。由表 2-31、表 2-32 可以看出，从平均预测准确性角度来看，排在前五名的分析师分别是：上海申银万国证券研究所有限公司的徐若旭、长江证券股份有限公司的高登、安信证券股份有限公司的张立聪、上海申银万国证券研究所有限公司的王璐和平安证券股份有限公司的王德安。从最佳预测准确性角度来看，排在前五名的分析师分别是：广发证券股份有限公司的罗立波、兴业证券股份有限公司的成尚汶、东吴证券股份

有限公司的陈显帆、国泰君安证券股份有限公司的黄琨和华创证券有限责任公司的李佳。

表2-33 三年期分析师预测准确性评价—平均表现(2016.05.01—2019.04.30)
行业：工业—资本品3(环保设备、工程与服务)

分析师姓名	平均表现排名	平均跟踪股票数量	所属证券公司
鲍荣富	1	1	华泰证券股份有限公司
孔令鑫	2	1	中国国际金融股份有限公司
黄骥	3	1	华泰证券股份有限公司
王席鑫	4	1	国盛证券有限责任公司
刘晓宁	5	11	上海申银万国证券研究所有限公司
罗雅婷	6	1	国盛证券有限责任公司
胥本涛	7	1	国泰君安证券股份有限公司
刘荣	8	1	招商证券股份有限公司
李想	9	5	中信证券股份有限公司
王璐	10	10	上海申银万国证券研究所有限公司
代鹏举	11	1	国海证券股份有限公司
孙春旭	12	6	国金证券股份有限公司
范海波	13	5	信达证券股份有限公司
马宝德	14	5	国联证券股份有限公司
刘威	15	1	海通证券股份有限公司
谭倩	16	15	国海证券股份有限公司
黄秀瑜	17	7	东莞证券股份有限公司
高蕾	18	5	上海申银万国证券研究所有限公司
陈青青	19	12	国信证券股份有限公司
何文雯	20	4	天风证券股份有限公司

表 2-34　三年期分析师预测准确性评价—最佳表现(2016.05.01—2019.04.30)
行业：工业—资本品 3(环保设备、工程与服务)

分析师姓名	最佳表现排名	平均跟踪股票数量	所属证券公司
雏　文	1	9	中国国际金融股份有限公司
杨心成	2	7	国盛证券有限责任公司
陈青青	3	12	国信证券股份有限公司
范海波	4	5	信达证券股份有限公司
袁　理	5	10	东吴证券股份有限公司
谭　倩	6	15	国海证券股份有限公司
郑小波	7	8	中信建投证券股份有限公司
郭　鹏	8	15	广发证券股份有限公司
刘晓宁	9	11	上海申银万国证券研究所有限公司
郭丽丽	10	9	方正证券股份有限公司
王颖婷	11	8	西南证券股份有限公司
张一弛	12	11	海通证券股份有限公司
王　璐	13	10	上海申银万国证券研究所有限公司
吴　漪	14	7	信达证券股份有限公司
姚　键	15	8	国信证券股份有限公司
孙春旭	16	6	国金证券股份有限公司
朱纯阳	17	13	招商证券股份有限公司
王祎佳	18	14	华创证券有限责任公司
丁士涛	19	5	信达证券股份有限公司
汪　洋	20	10	兴业证券股份有限公司

在 2016 年 5 月 1 日至 2019 年 4 月 30 日这三年的期间内,持续跟踪工业—资本品 3(环保设备、工程与服务)行业并作出每股收益预测的分析师有 61 名。由表 2-33、表 2-34 可以看出,从平均预测准确性角度来看,排在前五名的分析师分别是：华泰证券股份有限公司的鲍荣富、中国国际金融股份有限公司的孔令鑫、华泰证券股份有限公司的黄骥、国盛证券有限责任公司的王席鑫和上海申银万国证券研究所有限公司的刘晓宁。从最佳预测准确性角度来看,排在前五名的分析师分别是：中国国际金融股份有限公司的雏文、国盛证券有限责任公司的杨心成、国信

证券股份有限公司的陈青青、信达证券股份有限公司的范海波和东吴证券股份有限公司的袁理。

表2-35 三年期分析师预测准确性评价—平均表现(2016.05.01—2019.04.30)
行业：工业—资本品4(电气设备)

分析师姓名	平均表现排名	平均跟踪股票数量	所属证券公司
张 晗	1	1	东北证券股份有限公司
王凤华	2	5	联讯证券股份有限公司
刘海博	3	1	中信证券股份有限公司
王颖婷	4	4	西南证券股份有限公司
成尚汶	5	2	兴业证券股份有限公司
左腾飞	6	1	中信证券股份有限公司
刘 亮	7	1	兴业证券股份有限公司
郑丹丹	8	11	浙商证券股份有限公司
林 帆	9	6	华金证券股份有限公司
邱祖学	10	2	兴业证券股份有限公司
刘晓宁	11	26	上海申银万国证券研究所有限公司
陈 平	12	1	海通证券股份有限公司
唐海清	13	2	天风证券股份有限公司
朱 栋	14	17	平安证券股份有限公司
罗立波	15	1	广发证券股份有限公司
王书伟	16	3	安信证券股份有限公司
刘 威	17	1	海通证券股份有限公司
沈 成	18	19	中银国际证券股份有限公司
马 松	19	4	国联证券股份有限公司
张 帅	20	4	国金证券股份有限公司

表 2-36　三年期分析师预测准确性评价—最佳表现(2016.05.01—2019.04.30)
行业：工业—资本品 4(电气设备)

分析师姓名	最佳表现排名	平均跟踪股票数量	所属证券公司
刘晓宁	1	26	上海申银万国证券研究所有限公司
沈　成	2	19	中银国际证券股份有限公司
曾朵红	3	26	东吴证券股份有限公司
郑丹丹	4	11	浙商证券股份有限公司
杨若木	5	12	东兴证券股份有限公司
潘永乐	6	20	广州广证恒生证券投资咨询有限公司
马　松	7	4	国联证券股份有限公司
龚斯闻	8	15	财通证券股份有限公司
徐留明	9	3	兴业证券股份有限公司
顾一弘	10	16	东北证券股份有限公司
王凤华	11	5	联讯证券股份有限公司
弓永峰	12	14	中信证券股份有限公司
韩启明	13	26	上海申银万国证券研究所有限公司
谭　倩	14	22	国海证券股份有限公司
房　青	15	16	海通证券股份有限公司
陈子坤	16	17	广发证券股份有限公司
林　帆	17	6	华金证券股份有限公司
徐柏乔	18	13	海通证券股份有限公司
王　浩	19	21	国泰君安证券股份有限公司
王书伟	20	3	安信证券股份有限公司

在 2016 年 5 月 1 日至 2019 年 4 月 30 日这三年的期间内,持续跟踪工业—资本品 4(电气设备)行业并作出每股收益预测的分析师有 93 名。由表 2-35、表 2-36 可以看出,从平均预测准确性角度来看,排在前五名的分析师分别是：东北证券股份有限公司的张晗、联讯证券股份有限公司的王凤华、中信证券股份有限公司的刘海博、西南证券股份有限公司的王颖婷和兴业证券股份有限公司的成尚汶。从最佳预测准确性角度来看,排在前五名的分析师分别是：上海申银万国证券研究所有限公司的刘晓宁、中银国际证券股份有限公司的沈成、东吴证券股份有限公

司的曾朵红、浙商证券股份有限公司的郑丹丹和东兴证券股份有限公司的杨若木。

表2-37 三年期分析师预测准确性评价—平均表现(2016.05.01—2019.04.30)
行业：工业—资本品5(航空航天与国防)

分析师姓名	平均表现排名	平均跟踪股票数量	所属证券公司
张 铖	1	2	长江证券股份有限公司
冯 胜	2	2	国海证券股份有限公司
范海波	3	2	信达证券股份有限公司
王宇飞	4	14	中国国际金融股份有限公司
陈显帆	5	3	东吴证券股份有限公司
李 良	6	5	中国银河证券股份有限公司
刘 军	7	4	东北证券股份有限公司
胡正洋	8	12	广发证券股份有限公司
邹润芳	9	8	天风证券股份有限公司
沈海兵	10	1	天风证券股份有限公司
王 超	11	6	招商证券股份有限公司
赵炳楠	12	12	广发证券股份有限公司
刘 磊	13	12	海通证券股份有限公司
高 嵩	14	9	中信证券股份有限公司
王 习	15	7	东兴证券股份有限公司
韩振国	16	11	方正证券股份有限公司
刘倩倩	17	8	太平洋证券股份有限公司
蒋 俊	18	10	海通证券股份有限公司
黎韬扬	19	12	中信建投证券股份有限公司
李 欣	20	5	中航证券有限公司

表 2-38 三年期分析师预测准确性评价—最佳表现(2016.05.01—2019.04.30)
行业：工业—资本品 5(航空航天与国防)

分析师姓名	最佳表现排名	平均跟踪股票数量	所属证券公司
韩振国	1	11	方正证券股份有限公司
王宇飞	2	14	中国国际金融股份有限公司
高 嵩	3	9	中信证券股份有限公司
邹润芳	4	8	天风证券股份有限公司
刘 磊	5	12	海通证券股份有限公司
胡正洋	6	12	广发证券股份有限公司
蒋 俊	7	10	海通证券股份有限公司
范海波	8	2	信达证券股份有限公司
张 铖	9	2	长江证券股份有限公司
刘倩倩	10	8	太平洋证券股份有限公司
王 超	11	6	招商证券股份有限公司
刘 军	12	4	东北证券股份有限公司
赵炳楠	13	12	广发证券股份有限公司
黎韬扬	14	12	中信建投证券股份有限公司
王 习	15	7	东兴证券股份有限公司
李 良	16	5	中国银河证券股份有限公司
李 欣	17	5	中航证券有限公司
陈 龙	18	6	民生证券股份有限公司
冯 胜	19	2	国海证券股份有限公司
陈显帆	20	3	东吴证券股份有限公司

在 2016 年 5 月 1 日至 2019 年 4 月 30 日这三年的期间内，持续跟踪工业—资本品 5(航空航天与国防)行业并作出每股收益预测的分析师有 27 名。由表 2-37、表 2-38 可以看出，从平均预测准确性角度来看，排在前五名的分析师分别是：长江证券股份有限公司的张铖、国海证券股份有限公司的冯胜、信达证券股份有限公司的范海波、中国国际金融股份有限公司的王宇飞和东吴证券股份有限公司的陈显帆。从最佳预测准确性角度来看，排在前五名的分析师分别是：方正证券股份有限公司的韩振国、中国国际金融股份有限公司的王宇飞、中信证券股份有限公司

的高嵩、天风证券股份有限公司的邹润芳和海通证券股份有限公司的刘磊。

表 2-39　三年期分析师预测准确性评价——平均表现(2016.05.01—2019.04.30)
行业：电信业务——电信业务(含电信服务与通信设备)

分析师姓名	平均表现排名	平均跟踪股票数量	所属证券公司
杨明辉	1	1	光大证券股份有限公司
韩振国	2	2	方正证券股份有限公司
刘　亮	3	6	兴业证券股份有限公司
刘雪峰	4	2	广发证券股份有限公司
周伟佳	5	3	长城证券股份有限公司
刘舜逢	6	2	平安证券股份有限公司
王宇飞	7	2	中国国际金融股份有限公司
于海宁	8	5	长江证券股份有限公司
钱　凯	9	1	中国国际金融股份有限公司
宋嘉吉	10	10	国盛证券有限责任公司
马　军	11	10	方正证券股份有限公司
程　成	12	12	国信证券股份有限公司
唐海清	13	20	天风证券股份有限公司
李亚军	14	4	国信证券股份有限公司
陈宁玉	15	6	中泰证券股份有限公司
邹润芳	16	2	天风证券股份有限公司
顾海波	17	8	中信证券股份有限公司
许兴军	18	1	广发证券股份有限公司
谢春生	19	1	中泰证券股份有限公司
胡嘉铭	20	3	群益证券(香港)有限公司

表2-40 三年期分析师预测准确性评价—最佳表现(2016.05.01—2019.04.30)
行业：电信业务—电信业务(含电信服务与通信设备)

分析师姓名	最佳表现排名	平均跟踪股票数量	所属证券公司
唐海清	1	20	天风证券股份有限公司
马 军	2	10	方正证券股份有限公司
宋嘉吉	3	10	国盛证券有限责任公司
朱劲松	4	17	海通证券股份有限公司
顾海波	5	8	中信证券股份有限公司
程 成	6	12	国信证券股份有限公司
刘 言	7	14	西南证券股份有限公司
陈宁玉	8	6	中泰证券股份有限公司
刘 亮	9	6	兴业证券股份有限公司
熊 军	10	18	东北证券股份有限公司
周 明	11	8	华泰证券股份有限公司
王 林	12	12	招商证券股份有限公司
李亚军	13	4	国信证券股份有限公司
韩振国	14	2	方正证券股份有限公司
杨 锟	15	8	民生证券股份有限公司
于海宁	16	5	长江证券股份有限公司
刘雪峰	17	2	广发证券股份有限公司
汪 洋	18	7	国信证券股份有限公司
容志能	19	9	天风证券股份有限公司
张 昕	20	2	天风证券股份有限公司

在2016年5月1日至2019年4月30日这三年的期间内,持续跟踪电信业务—电信业务(含电信服务与通信设备)行业并作出每股收益预测的分析师有55名。由表2-39、表2-40可以看出,从平均预测准确性角度来看,排在前五名的分析师分别是：光大证券股份有限公司的杨明辉、方正证券股份有限公司的韩振国、兴业证券股份有限公司的刘亮、广发证券股份有限公司的刘雪峰和长城证券股份有限公司的周伟佳。从最佳预测准确性角度来看,排在前五名的分析师分别是：天风证券股份有限公司的唐海清、方正证券股份有限公司的马军、国盛证券有限责任公

司的宋嘉吉、海通证券股份有限公司的朱劲松和中信证券股份有限公司的顾海波。

表 2-41　三年期分析师预测准确性评价—平均表现(2016.05.01—2019.04.30)
行业：能源—能源

分析师姓名	平均表现排名	平均跟踪股票数量	所属证券公司
杨　伟	1	3	太平洋证券股份有限公司
孔令鑫	2	1	中国国际金融股份有限公司
陈　彦	3	4	中国国际金融股份有限公司
王凤华	4	5	联讯证券股份有限公司
刘海博	5	2	中信证券股份有限公司
沈　涛	6	19	广发证券股份有限公司
王　强	7	11	招商证券股份有限公司
刘芷君	8	3	广发证券股份有限公司
王华君	9	5	中泰证券股份有限公司
柴沁虎	10	2	东吴证券股份有限公司
王鹤涛	11	8	长江证券股份有限公司
刘晓宁	12	7	上海申银万国证券研究所有限公司
陈显帆	13	2	东吴证券股份有限公司
商艾华	14	4	中泰证券股份有限公司
祖国鹏	15	8	中信证券股份有限公司
董宇博	16	4	中国国际金融股份有限公司
石　亮	17	9	招商证券股份有限公司
左腾飞	18	2	中信证券股份有限公司
谢建斌	19	7	上海申银万国证券研究所有限公司
肖　洁	20	6	国泰君安证券股份有限公司

表 2-42　三年期分析师预测准确性评价—最佳表现(2016.05.01—2019.04.30)
行业：能源—能源

分析师姓名	最佳表现排名	平均跟踪股票数量	所属证券公司
黄莉莉	1	10	中信证券股份有限公司
沈 涛	2	19	广发证券股份有限公司
王 强	3	11	招商证券股份有限公司
邓 勇	4	11	海通证券股份有限公司
罗立波	5	4	广发证券股份有限公司
周 泰	6	16	安信证券股份有限公司
李俊松	7	17	中泰证券股份有限公司
谢建斌	8	7	上海申银万国证券研究所有限公司
刘晓宁	9	7	上海申银万国证券研究所有限公司
张樨樨	10	8	天风证券股份有限公司
安 鹏	11	19	广发证券股份有限公司
卢 平	12	19	招商证券股份有限公司
王凤华	13	5	联讯证券股份有限公司
唐 倩	14	4	中银国际证券股份有限公司
祖国鹏	15	8	中信证券股份有限公司
石 亮	16	9	招商证券股份有限公司
刘芷君	17	3	广发证券股份有限公司
杨 侃	18	6	民生证券股份有限公司
商艾华	19	4	中泰证券股份有限公司
王鹤涛	20	8	长江证券股份有限公司

在2016年5月1日至2019年4月30日这三年的期间内，持续跟踪能源—能源行业并作出每股收益预测的分析师有64名。由表2-41、表2-42可以看出，从平均预测准确性角度来看，排在前五名的分析师分别是：太平洋证券股份有限公司的杨伟、中国国际金融股份有限公司的孔令鑫、中国国际金融股份有限公司的陈彦、联讯证券股份有限公司的王凤华和中信证券股份有限公司的刘海博。从最佳预测准确性角度来看，排在前五名的分析师分别是：中信证券股份有限公司的黄莉莉、广发证券股份有限公司的沈涛、招商证券股份有限公司的王强、海通证券股

份有限公司的邓勇和广发证券股份有限公司的罗立波。

表2-43 三年期分析师预测准确性评价—平均表现(2016.05.01—2019.04.30)
行业：金融地产—银行

分析师姓名	平均表现排名	平均跟踪股票数量	所属证券公司
马鲲鹏	1	14	上海申银万国证券研究所有限公司
林加力	2	5	海通证券股份有限公司
廖晨凯	3	5	群益证券(香港)有限公司
邱冠华	4	14	国泰君安证券股份有限公司
王小军	5	2	信达证券股份有限公司
戴志锋	6	21	中泰证券股份有限公司
刘志平	7	19	平安证券股份有限公司
李锋	8	6	民生证券股份有限公司
王剑	9	11	国信证券股份有限公司
解巍巍	10	7	海通证券股份有限公司
肖斐斐	11	11	中信证券股份有限公司
傅慧芳	12	13	兴业证券股份有限公司
励雅敏	13	20	中银国际证券股份有限公司
沈娟	14	15	华泰证券股份有限公司
冉宇航	15	10	中信证券股份有限公司
屈俊	16	12	广发证券股份有限公司
袁喆奇	17	20	中银国际证券股份有限公司
张帅帅	18	13	中国国际金融股份有限公司
张明	19	5	华创证券有限责任公司
杨荣	20	14	中信建投证券股份有限公司

表 2-44 三年期分析师预测准确性评价—最佳表现(2016.05.01—2019.04.30)
行业：金融地产—银行

分析师姓名	最佳表现排名	平均跟踪股票数量	所属证券公司
马鲲鹏	1	14	上海申银万国证券研究所有限公司
戴志锋	2	21	中泰证券股份有限公司
刘志平	3	19	平安证券股份有限公司
邱冠华	4	14	国泰君安证券股份有限公司
肖斐斐	5	11	中信证券股份有限公司
沈娟	6	15	华泰证券股份有限公司
励雅敏	7	20	中银国际证券股份有限公司
廖晨凯	8	5	群益证券(香港)有限公司
傅慧芳	9	13	兴业证券股份有限公司
王剑	10	11	国信证券股份有限公司
张帅帅	11	13	中国国际金融股份有限公司
冉宇航	12	10	中信证券股份有限公司
杨荣	13	14	中信建投证券股份有限公司
解巍巍	14	7	海通证券股份有限公司
袁喆奇	15	20	中银国际证券股份有限公司
林加力	16	5	海通证券股份有限公司
李锋	17	6	民生证券股份有限公司
屈俊	18	12	广发证券股份有限公司
王小军	19	2	信达证券股份有限公司
张明	20	5	华创证券有限责任公司

在 2016 年 5 月 1 日至 2019 年 4 月 30 日这三年的期间内，持续跟踪金融地产—银行行业并作出每股收益预测的分析师有 20 名。由表 2-43、表 2-44 可以看出，从平均预测准确性角度来看，排在前五名的分析师分别是：上海申银万国证券研究所有限公司的马鲲鹏、海通证券股份有限公司的林加力、群益证券(香港)有限公司的廖晨凯、国泰君安证券股份有限公司的邱冠华和信达证券股份有限公司的王小军。从最佳预测准确性角度来看，排在前五名的分析师分别是：上海申银万国证券研究所有限公司的马鲲鹏、中泰证券股份有限公司的戴志锋、平安证券股份

有限公司的刘志平、国泰君安证券股份有限公司的邱冠华和中信证券股份有限公司的肖斐斐。

表 2-45 三年期分析师预测准确性评价——平均表现(2016.05.01—2019.04.30)
行业：金融地产—非银金融(含保险、资本市场、其他金融)

分析师姓名	平均表现排名	平均跟踪股票数量	所属证券公司
周晶晶	1	7	长江证券股份有限公司
孙 婷	2	18	海通证券股份有限公司
傅慧芳	3	4	兴业证券股份有限公司
沈 娟	4	20	华泰证券股份有限公司
何 婷	5	13	海通证券股份有限公司
陈 福	6	11	广发证券股份有限公司
汪双秀	7	5	华安证券股份有限公司
洪锦屏	8	14	华创证券有限责任公司
田 眈	9	5	中国国际金融股份有限公司
唐子佩	10	6	东方证券股份有限公司
魏 涛	11	11	太平洋证券股份有限公司
马鲲鹏	12	20	上海申银万国证券研究所有限公司
刘欣琦	13	19	国泰君安证券股份有限公司
王丛云	14	14	上海申银万国证券研究所有限公司
廖晨凯	15	6	群益证券(香港)有限公司
张经纬	16	10	安信证券股份有限公司
张译从	17	7	万联证券股份有限公司
缴文超	18	12	万联证券股份有限公司
武平平	19	6	中国银河证券股份有限公司
陈 雯	20	10	平安证券股份有限公司

表 2-46　三年期分析师预测准确性评价—最佳表现(2016.05.01—2019.04.30)
行业：金融地产—非银金融(含保险、资本市场、其他金融)

分析师姓名	最佳表现排名	平均跟踪股票数量	所属证券公司
孙　婷	1	18	海通证券股份有限公司
马鲲鹏	2	20	上海申银万国证券研究所有限公司
沈　娟	3	20	华泰证券股份有限公司
郑积沙	4	18	招商证券股份有限公司
洪锦屏	5	14	华创证券有限责任公司
刘欣琦	6	19	国泰君安证券股份有限公司
陈　雯	7	10	平安证券股份有限公司
周晶晶	8	7	长江证券股份有限公司
何　婷	9	13	海通证券股份有限公司
缴文超	10	12	万联证券股份有限公司
赵湘怀	11	29	光大证券股份有限公司
王丛云	12	14	上海申银万国证券研究所有限公司
张经纬	13	10	安信证券股份有限公司
陈　福	14	11	广发证券股份有限公司
傅慧芳	15	4	兴业证券股份有限公司
齐瑞娟	16	13	国泰君安证券股份有限公司
魏　涛	17	11	太平洋证券股份有限公司
廖晨凯	18	6	群益证券(香港)有限公司
商　田	19	9	广发证券股份有限公司
汪双秀	20	5	华安证券股份有限公司

在 2016 年 5 月 1 日至 2019 年 4 月 30 日这三年的期间内,持续跟踪金融地产—非银金融(含保险、资本市场、其他金融)行业并作出每股收益预测的分析师有 35 名。由表 2-45、表 2-46 可以看出,从平均预测准确性角度来看,排在前五名的分析师分别是：长江证券股份有限公司的周晶晶、海通证券股份有限公司的孙婷、兴业证券股份有限公司的傅慧芳、华泰证券股份有限公司的沈娟和海通证券股份有限公司的何婷。从最佳预测准确性角度来看,排在前五名的分析师分别是：海通证券股份有限公司的孙婷、上海申银万国证券研究所有限公司的马鲲鹏、华泰证

券股份有限公司的沈娟、招商证券股份有限公司的郑积沙和华创证券有限责任公司的洪锦屏。

表 2-47　三年期分析师预测准确性评价—平均表现(2016.05.01—2019.04.30)
行业：金融地产—房地产

分析师姓名	平均表现排名	平均跟踪股票数量	所属证券公司
刘　璐	1	7	中信建投证券股份有限公司
张　宇	2	14	中国国际金融股份有限公司
杨　侃	3	11	平安证券股份有限公司
何敏仪	4	8	东莞证券股份有限公司
区瑞明	5	12	国信证券股份有限公司
陈　慎	6	23	华泰证券股份有限公司
陈浩武	7	8	光大证券股份有限公司
申思聪	8	10	长江证券股份有限公司
陈　聪	9	12	中信证券股份有限公司
谢皓宇	10	8	国泰君安证券股份有限公司
涂力磊	11	43	海通证券股份有限公司
袁　豪	12	17	华创证券有限责任公司
乐加栋	13	20	广发证券股份有限公司
高　建	14	13	东北证券股份有限公司
胡华如	15	16	西南证券股份有限公司
陈天诚	16	18	天风证券股份有限公司
阎常铭	17	15	兴业证券股份有限公司
李跃博	18	4	兴业证券股份有限公司
郑闵钢	19	21	东兴证券股份有限公司
卜文凯	20	12	国泰君安证券股份有限公司

表 2-48 三年期分析师预测准确性评价—最佳表现(2016.05.01—2019.04.30)
行业：金融地产—房地产

分析师姓名	最佳表现排名	平均跟踪股票数量	所属证券公司
涂力磊	1	43	海通证券股份有限公司
胡华如	2	16	西南证券股份有限公司
张 宇	3	14	中国国际金融股份有限公司
区瑞明	4	12	国信证券股份有限公司
袁 豪	5	17	华创证券有限责任公司
申思聪	6	10	长江证券股份有限公司
陈 聪	7	12	中信证券股份有限公司
郑闵钢	8	21	东兴证券股份有限公司
刘 璐	9	7	中信建投证券股份有限公司
何敏仪	10	8	东莞证券股份有限公司
阎常铭	11	15	兴业证券股份有限公司
陈 慎	12	23	华泰证券股份有限公司
杨 侃	13	11	平安证券股份有限公司
谢皓宇	14	8	国泰君安证券股份有限公司
陈天诚	15	18	天风证券股份有限公司
高 建	16	13	东北证券股份有限公司
竺 劲	17	17	东方证券股份有限公司
乐加栋	18	20	广发证券股份有限公司
王 胜	19	16	上海申银万国证券研究所有限公司
陈浩武	20	8	光大证券股份有限公司

在 2016 年 5 月 1 日至 2019 年 4 月 30 日这三年的期间内，持续跟踪金融地产—房地产行业并作出每股收益预测的分析师有 33 名。由表 2-47、表 2-48 可以看出，从平均预测准确性角度来看，排在前五名的分析师分别是：中信建投证券股份

有限公司的刘璐、中国国际金融股份有限公司的张宇、平安证券股份有限公司的杨侃、东莞证券股份有限公司的何敏仪和国信证券股份有限公司的区瑞明。从最佳预测准确性角度来看，排在前五名的分析师分别是：海通证券股份有限公司的涂力磊、西南证券股份有限公司的胡华如、中国国际金融股份有限公司的张宇、国信证券股份有限公司的区瑞明和华创证券有限责任公司的袁豪。

3 五年期证券分析师预测准确性评价

3.1 数据来源与样本说明

五年期证券分析师预测准确性评价的数据期间为 2014 年 5 月 1 日至 2019 年 4 月 30 日。所有分析师预测数据来源于 CSMAR 数据库,涉及指标包括分析师姓名、分析师编码、所属证券公司名称、预测公司证券代码、证券简称、预测终止日、预测每股收益及实际每股收益。

在对五年期证券分析师预测准确性进行评价时,我们对分析师初始研究报告及预测数据按照如下原则进行剔除:(1)剔除针对非 A 股上市公司的研究报告;(2)剔除未对公司每股收益进行预测的研究报告;(3)分析师同一预测期间内进行多次每股收益预测时,保留该预测期间内最后一次每股收益预测;(4)同一研究报告中对未来多期每股收益进行预测时,保留最近一期每股收益预测。此外,在五年期证券分析师预测准确性评价中,我们仅对连续在行业内执业满五年的分析师进行了排名。

经上述筛选后,我们最终得到参与五年期证券分析师准确性评价的分析师共 442 名。其中,主要消费—食品、饮料与烟草(除农牧渔产品)行业 35 名、信息技术—信息技术(含半导体、计算机及电子设备、计算机运用)行业 96 名、公用事业—公用事业行业 12 名、医药卫生—医药卫生(含医疗器械与服务、医药生物)行业 41 名、原材料—原材料 1(含化学制品、化学原料)行业 61 名、原材料—原材料 2(含建筑材料、有色金属、钢铁、非金属采矿及制品)行业 36 名、原材料—轻工(含家庭与个人用品、容器与包装、纸类与林业产品)行业 23 名、可选消费—传媒行业 15 名、可选消费—汽车与汽车零部件行业 29 名、可选消费—消费者服务、耐用消费品与服装行业 68 名、可选消费—零售业行业 20 名、工业—交通运输行业 17 名、工业—商业服务与用品行业 32 名、工业—资本品 1(含工业集团企业、建筑与工程、建筑产品)行业 21 名、工业—资本品 2(机械制造)行业 51 名、工业—资本品 4(电气设备)行业 27 名、工业—资本品 5(航空航天与国防)行业 8 名、电信业务—电信业务

(含电信服务与通信设备)行业 20 名、能源—能源行业 29 名、金融地产—银行行业 9 名、金融地产—非银金融(含保险、资本市场、其他金融)行业 16 名、金融地产—房地产行业 21 名①。

3.2 五年期证券分析师预测准确性评价结果

我们按照第一章介绍的计算方法,首先计算出各行业内每位分析师各年度每股收益预测的平均表现得分及最佳表现得分,在此基础上对分析师在行业内五年表现(平均表现和最佳表现两个维度)进行综合评价。按上述方法得到五年期的分行业证券分析师预测准确性排名如下,因篇幅所限,我们只列示了各行业内排名前 10 名的分析师,若不足 10 名,则全部列示。

表 3-1 五年期分析师预测准确性评价—平均表现(2014.05.01—2019.04.30)
行业:主要消费—食品、饮料与烟草(除农牧渔产品)

分析师姓名	平均表现排名	平均跟踪股票数量	所属证券公司
于 杰	1	16	民生证券股份有限公司
文 献	2	24	平安证券股份有限公司
汤玮亮	3	19	中银国际证券股份有限公司
肖 婵	4	12	东方证券股份有限公司
苏 铖	5	23	安信证券股份有限公司
董广阳	6	22	华创证券有限责任公司
吕若晨	7	15	中国国际金融股份有限公司
吕 昌	8	20	上海申银万国证券研究所有限公司
廖绪发	9	6	北京高华证券有限责任公司
张宇光	10	18	长城证券股份有限公司

---

① 因存在同一分析师跟踪不同行业的情况,因此证券分析师总数与各行业分析师数量加总数不一致。

表 3-2　五年期分析师预测准确性评价—最佳表现(2014.05.01—2019.04.30)
行业：主要消费—食品、饮料与烟草(除农牧渔产品)

分析师姓名	最佳表现排名	平均跟踪股票数量	所属证券公司
董广阳	1	22	华创证券有限责任公司
文献	2	24	平安证券股份有限公司
王永锋	3	25	广发证券股份有限公司
余春生	4	26	国海证券股份有限公司
马浩博	5	25	新时代证券股份有限公司
汤玮亮	6	19	中银国际证券股份有限公司
杨勇胜	7	21	招商证券股份有限公司
苏铖	8	23	安信证券股份有限公司
朱会振	9	20	西南证券股份有限公司
黄付生	10	38	太平洋证券股份有限公司

在 2014 年 5 月 1 日至 2019 年 4 月 30 日这五年的期间内,持续跟踪主要消费—食品、饮料与烟草(除农牧渔产品)行业并作出每股收益预测的分析师有 35 名。由表 3-1、表 3-2 可以看出,从平均预测准确性角度来看,排在前五名的分析师分别是：民生证券股份有限公司的于杰、平安证券股份有限公司的文献、中银国际证券股份有限公司的汤玮亮、东方证券股份有限公司的肖婵和安信证券股份有限公司的苏铖。从最佳预测准确性角度来看,排在前五名的分析师分别是：华创证券有限责任公司的董广阳、平安证券股份有限公司的文献、广发证券股份有限公司的王永锋、国海证券股份有限公司的余春生和新时代证券股份有限公司的马浩博。

表 3-3　五年期分析师预测准确性评价—平均表现(2014.05.01—2019.04.30)
行业：信息技术—信息技术(含半导体、计算机及电子设备、计算机运用)

分析师姓名	平均表现排名	平均跟踪股票数量	所属证券公司
缴文超	1	2	万联证券股份有限公司
刘晓宁	2	4	上海申银万国证券研究所有限公司
张涛	3	5	上海证券有限责任公司
谭倩	4	6	国海证券股份有限公司
郭丽丽	5	1	方正证券股份有限公司

(续表)

分析师姓名	平均表现排名	平均跟踪股票数量	所属证券公司
罗立波	6	3	广发证券股份有限公司
刘 亮	7	28	兴业证券股份有限公司
王 胜	8	8	兴业证券股份有限公司
吕 娟	9	3	方正证券股份有限公司
冯福章	10	2	安信证券股份有限公司

表 3-4 五年期分析师预测准确性评价——最佳表现(2014.05.01—2019.04.30)
行业:信息技术—信息技术(含半导体、计算机及电子设备、计算机运用)

分析师姓名	最佳表现排名	平均跟踪股票数量	所属证券公司
胡又文	1	56	安信证券股份有限公司
卢 婷	2	26	中国国际金融股份有限公司
刘 亮	3	28	兴业证券股份有限公司
郑宏达	4	34	海通证券股份有限公司
许兴军	5	17	广发证券股份有限公司
刘雪峰	6	29	广发证券股份有限公司
沈海兵	7	23	天风证券股份有限公司
郝 彪	8	23	东吴证券股份有限公司
姜国平	9	19	光大证券股份有限公司
刘 洋	10	24	上海申银万国证券研究所有限公司

在 2014 年 5 月 1 日至 2019 年 4 月 30 日这五年的期间内,持续跟踪信息技术—信息技术(含半导体、计算机及电子设备、计算机运用)行业并作出每股收益预测的分析师有 96 名。由表 3-3、表 3-4 可以看出,从平均预测准确性角度来看,排在前五名的分析师分别是:万联证券股份有限公司的缴文超、上海申银万国证券研究所有限公司的刘晓宁、上海证券有限责任公司的张涛、国海证券股份有限公司的谭倩和方正证券股份有限公司的郭丽丽。从最佳预测准确性角度来看,排在前五名的分析师分别是:安信证券股份有限公司的胡又文、中国国际金融股份有限公司的卢婷、兴业证券股份有限公司的刘亮、海通证券股份有限公司的郑宏达和广发证券股份有限公司的许兴军。

3 五年期证券分析师预测准确性评价

表 3-5　五年期分析师预测准确性评价—平均表现(2014.05.01—2019.04.30)
行业：公用事业—公用事业

分析师姓名	平均表现排名	平均跟踪股票数量	所属证券公司
刘晓宁	1	27	上海申银万国证券研究所有限公司
冀丽俊	2	6	上海证券有限责任公司
汪　洋	3	7	兴业证券股份有限公司
郭丽丽	4	8	方正证券股份有限公司
郭　鹏	5	10	广发证券股份有限公司
王　璐	6	24	上海申银万国证券研究所有限公司
邵琳琳	7	8	安信证券股份有限公司
杨　洁	8	4	中信建投证券股份有限公司
崔　霖	9	8	中信证券股份有限公司
谭　倩	10	5	国海证券股份有限公司

表 3-6　五年期分析师预测准确性评价—最佳表现(2014.05.01—2019.04.30)
行业：公用事业—公用事业

分析师姓名	最佳表现排名	平均跟踪股票数量	所属证券公司
刘晓宁	1	27	上海申银万国证券研究所有限公司
汪　洋	2	7	兴业证券股份有限公司
郭丽丽	3	8	方正证券股份有限公司
冀丽俊	4	6	上海证券有限责任公司
邵琳琳	5	8	安信证券股份有限公司
郭　鹏	6	10	广发证券股份有限公司
崔　霖	7	8	中信证券股份有限公司
王　璐	8	24	上海申银万国证券研究所有限公司
张　晨	9	6	招商证券股份有限公司
杨　洁	10	4	中信建投证券股份有限公司

在 2014 年 5 月 1 日至 2019 年 4 月 30 日这五年的期间内,持续跟踪公用事业—公用事业行业并作出每股收益预测的分析师有 12 名。由表 3-5、表 3-6 可以看出,从平均预测准确性角度来看,排在前五名的分析师分别是：上海申银万国证券

研究所有限公司的刘晓宁、上海证券有限责任公司的冀丽俊、兴业证券股份有限公司的汪洋、方正证券股份有限公司的郭丽丽和广发证券股份有限公司的郭鹏。从最佳预测准确性角度来看，排在前五名的分析师分别是：上海申银万国证券研究所有限公司的刘晓宁、兴业证券股份有限公司的汪洋、方正证券股份有限公司的郭丽丽、上海证券有限责任公司的冀丽俊和安信证券股份有限公司的邵琳琳。

表 3-7 五年期分析师预测准确性评价—平均表现(2014.05.01—2019.04.30)
行业：医药卫生—医药卫生(含医疗器械与服务、医药生物)

分析师姓名	平均表现排名	平均跟踪股票数量	所属证券公司
赵浩然	1	7	长城证券股份有限公司
丁 频	2	3	海通证券股份有限公司
吴 立	3	6	天风证券股份有限公司
邹 朋	4	32	中国国际金融股份有限公司
孙金钜	5	2	新时代证券股份有限公司
赵金厚	6	4	上海申银万国证券研究所有限公司
丁 丹	7	40	国泰君安证券股份有限公司
刘 威	8	3	海通证券股份有限公司
胡博新	9	28	国海证券股份有限公司
徐佳熹	10	56	兴业证券股份有限公司

表 3-8 五年期分析师预测准确性评价—最佳表现(2014.05.01—2019.04.30)
行业：医药卫生—医药卫生(含医疗器械与服务、医药生物)

分析师姓名	最佳表现排名	平均跟踪股票数量	所属证券公司
李敬雷	1	22	国金证券股份有限公司
徐佳熹	2	56	兴业证券股份有限公司
崔文亮	3	30	新时代证券股份有限公司
杨烨辉	4	38	天风证券股份有限公司
丁 丹	5	40	国泰君安证券股份有限公司
朱国广	6	65	西南证券股份有限公司
江维娜	7	24	国信证券股份有限公司
季序我	8	18	东方证券股份有限公司
李平祝	9	20	中国银河证券股份有限公司
余文心	10	41	海通证券股份有限公司

在2014年5月1日至2019年4月30日这五年的期间内,持续跟踪医药卫生—医药卫生(含医疗器械与服务、医药生物)行业并作出每股收益预测的分析师有41名。由表3-7、表3-8可以看出,从平均预测准确性角度来看,排在前五名的分析师分别是:长城证券股份有限公司的赵浩然、海通证券股份有限公司的丁频、天风证券股份有限公司的吴立、中国国际金融股份有限公司的邹朋和新时代证券股份有限公司的孙金钜。从最佳预测准确性角度来看,排在前五名的分析师分别是:国金证券股份有限公司的李敬雷、兴业证券股份有限公司的徐佳熹、新时代证券股份有限公司的崔文亮、天风证券股份有限公司的杨烨辉和国泰君安证券股份有限公司的丁丹。

表3-9 五年期分析师预测准确性评价—平均表现(2014.05.01—2019.04.30)
行业:原材料—原材料1(含化学制品、化学原料)

分析师姓名	平均表现排名	平均跟踪股票数量	所属证券公司
游家训	1	1	招商证券股份有限公司
杨 云	2	4	浙商证券股份有限公司
曾朵红	3	2	东吴证券股份有限公司
刘晓宁	4	2	上海申银万国证券研究所有限公司
王 强	5	7	招商证券股份有限公司
邹 戈	6	4	广发证券股份有限公司
沈 成	7	2	中银国际证券股份有限公司
孙金钜	8	3	新时代证券股份有限公司
黄 涛	9	1	国泰君安证券股份有限公司
鲍雁辛	10	4	国泰君安证券股份有限公司

表3-10 五年期分析师预测准确性评价—最佳表现(2014.05.01—2019.04.30)
行业:原材料—原材料1(含化学制品、化学原料)

分析师姓名	最佳表现排名	平均跟踪股票数量	所属证券公司
周 铮	1	23	招商证券股份有限公司
马 太	2	16	长江证券股份有限公司
王席鑫	3	23	国盛证券有限责任公司
王剑雨	4	19	广发证券股份有限公司
刘 威	5	60	海通证券股份有限公司

(续表)

分析师姓名	最佳表现排名	平均跟踪股票数量	所属证券公司
代鹏举	6	25	国海证券股份有限公司
商艾华	7	32	中泰证券股份有限公司
邓 勇	8	12	海通证券股份有限公司
蒲 强	9	10	国金证券股份有限公司
李 辉	10	21	天风证券股份有限公司

在2014年5月1日至2019年4月30日这五年的期间内,持续跟踪原材料—原材料1(含化学制品、化学原料)行业并作出每股收益预测的分析师有61名。由表3-9、表3-10可以看出,从平均预测准确性角度来看,排在前五名的分析师分别是:招商证券股份有限公司的游家训、浙商证券股份有限公司的杨云、东吴证券股份有限公司的曾朵红、上海申银万国证券研究所有限公司的刘晓宁和招商证券股份有限公司的王强。从最佳预测准确性角度来看,排在前五名的分析师分别是:招商证券股份有限公司的周铮、长江证券股份有限公司的马太、国盛证券有限责任公司的王席鑫、广发证券股份有限公司的王剑雨和海通证券股份有限公司的刘威。

表3-11 五年期分析师预测准确性评价—平均表现(2014.05.01—2019.04.30)
行业:原材料—原材料2(含建筑材料、有色金属、钢铁、非金属采矿及制品)

分析师姓名	平均表现排名	平均跟踪股票数量	所属证券公司
王招华	1	6	光大证券股份有限公司
鲍荣富	2	7	华泰证券股份有限公司
范海波	3	15	信达证券股份有限公司
王鹤涛	4	26	长江证券股份有限公司
卢 平	5	2	招商证券股份有限公司
葛 军	6	6	长江证券股份有限公司
笃 慧	7	20	中泰证券股份有限公司
邹 戈	8	9	广发证券股份有限公司
黄道立	9	7	国信证券股份有限公司
范 超	10	13	长江证券股份有限公司

表 3-12　五年期分析师预测准确性评价—最佳表现(2014.05.01—2019.04.30)

行业：原材料—原材料 2(含建筑材料、有色金属、钢铁、非金属采矿及制品)

分析师姓名	最佳表现排名	平均跟踪股票数量	所属证券公司
任志强	1	34	华创证券有限责任公司
杨诚笑	2	20	天风证券股份有限公司
巨国贤	3	21	广发证券股份有限公司
范海波	4	15	信达证券股份有限公司
陈浩武	5	9	光大证券股份有限公司
刘华峰	6	15	国泰君安证券股份有限公司
笃慧	7	20	中泰证券股份有限公司
鲍雁辛	8	16	国泰君安证券股份有限公司
徐若旭	9	12	上海申银万国证券研究所有限公司
邱祖学	10	33	兴业证券股份有限公司

在 2014 年 5 月 1 日至 2019 年 4 月 30 日这五年的期间内,持续跟踪原材料—原材料 2(含建筑材料、有色金属、钢铁、非金属采矿及制品)行业并作出每股收益预测的分析师有 36 名。由表 3-11、表 3-12 可以看出,从平均预测准确性角度来看,排在前五名的分析师分别是：光大证券股份有限公司的王招华、华泰证券股份有限公司的鲍荣富、信达证券股份有限公司的范海波、长江证券股份有限公司的王鹤涛和招商证券股份有限公司的卢平。从最佳预测准确性角度来看,排在前五名的分析师分别是：华创证券有限责任公司的任志强、天风证券股份有限公司的杨诚笑、广发证券股份有限公司的巨国贤、信达证券股份有限公司的范海波和光大证券股份有限公司的陈浩武。

表 3-13　五年期分析师预测准确性评价—平均表现(2014.05.01—2019.04.30)

行业：原材料—轻工(含家庭与个人用品、容器与包装、纸类与林业产品)

分析师姓名	平均表现排名	平均跟踪股票数量	所属证券公司
周羽	1	2	中信证券股份有限公司
周海晨	2	10	上海申银万国证券研究所有限公司
樊俊豪	3	6	中国国际金融股份有限公司
施红梅	4	2	东方证券股份有限公司
徐晓芳	5	2	中信证券股份有限公司

（续表）

分析师姓名	平均表现排名	平均跟踪股票数量	所属证券公司
洪 涛	6	2	广发证券股份有限公司
姜 浩	7	6	浙商证券股份有限公司
陈羽锋	8	7	华泰证券股份有限公司
訾 猛	9	3	国泰君安证券股份有限公司
花小伟	10	10	中信建投证券股份有限公司

表3-14 五年期分析师预测准确性评价—最佳表现（2014.05.01—2019.04.30）
行业：原材料—轻工（含家庭与个人用品、容器与包装、纸类与林业产品）

分析师姓名	最佳表现排名	平均跟踪股票数量	所属证券公司
周海晨	1	10	上海申银万国证券研究所有限公司
花小伟	2	10	中信建投证券股份有限公司
樊俊豪	3	6	中国国际金融股份有限公司
郑 恺	4	11	招商证券股份有限公司
屠亦婷	5	10	上海申银万国证券研究所有限公司
穆方舟	6	7	国泰君安证券股份有限公司
杨志威	7	5	中银国际证券有限公司
陈羽锋	8	7	华泰证券股份有限公司
濮冬燕	9	11	招商证券股份有限公司
范张翔	10	8	天风证券股份有限公司

在2014年5月1日至2019年4月30日这五年的期间内，持续跟踪原材料—轻工（含家庭与个人用品、容器与包装、纸类与林业产品）行业并作出每股收益预测的分析师有23名。由表3-13、表3-14可以看出，从平均预测准确性角度来看，排在前五名的分析师分别是：中信证券股份有限公司的周羽、上海申银万国证券研究所有限公司的周海晨、中国国际金融股份有限公司的樊俊豪、东方证券股份有限公司的施红梅和中信证券股份有限公司的徐晓芳。从最佳预测准确性角度来看，排在前五名的分析师分别是：上海申银万国证券研究所有限公司的周海晨、中信建投证券股份有限公司的花小伟、中国国际金融股份有限公司的樊俊豪、招商证券股份有限公司的郑恺和上海申银万国证券研究所有限公司的屠亦婷。

表 3-15 五年期分析师预测准确性评价—平均表现(2014.05.01—2019.04.30)
行业：可选消费—传媒

分析师姓名	平均表现排名	平均跟踪股票数量	所属证券公司
孟 玮	1	13	中国国际金融股份有限公司
文 浩	2	8	天风证券股份有限公司
胡嘉铭	3	6	群益证券(香港)有限公司
廖绪发	4	6	北京高华证券有限责任公司
张良卫	5	8	东吴证券股份有限公司
陶 冶	6	5	财通证券股份有限公司
杨仁文	7	5	方正证券股份有限公司
张 衡	8	15	国信证券股份有限公司
康雅雯	9	10	中泰证券股份有限公司
许 娟	10	9	华泰证券股份有限公司

表 3-16 五年期分析师预测准确性评价—最佳表现(2014.05.01—2019.04.30)
行业：可选消费—传媒

分析师姓名	最佳表现排名	平均跟踪股票数量	所属证券公司
孟 玮	1	13	中国国际金融股份有限公司
张 衡	2	15	国信证券股份有限公司
杨仁文	3	5	方正证券股份有限公司
廖绪发	4	6	北京高华证券有限责任公司
文 浩	5	8	天风证券股份有限公司
胡嘉铭	6	6	群益证券(香港)有限公司
顾 佳	7	9	招商证券股份有限公司
张良卫	8	8	东吴证券股份有限公司
陈 筱	9	10	国泰君安证券股份有限公司
许 娟	10	9	华泰证券股份有限公司

在2014年5月1日至2019年4月30日这五年的期间内,持续跟踪可选消费—传媒行业并作出每股收益预测的分析师有15名。由表3-15、表3-16可以看出,从平均预测准确性角度来看,排在前五名的分析师分别是：中国国际金融股份

有限公司的孟玮、天风证券股份有限公司的文浩、群益证券(香港)有限公司的胡嘉铭、北京高华证券有限责任公司的廖绪发和东吴证券股份有限公司的张良卫。从最佳预测准确性角度来看,排在前五名的分析师分别是:中国国际金融股份有限公司的孟玮、国信证券股份有限公司的张衡、方正证券股份有限公司的杨仁文、北京高华证券有限责任公司的廖绪发和天风证券股份有限公司的文浩。

表3-17 五年期分析师预测准确性评价—平均表现(2014.05.01—2019.04.30)
行业:可选消费—汽车与汽车零部件

分析师姓名	平均表现排名	平均跟踪股票数量	所属证券公司
陈显帆	1	4	东吴证券股份有限公司
奉玮	2	24	中国国际金融股份有限公司
陈俊斌	3	18	中信证券股份有限公司
刘洋	4	14	西南证券股份有限公司
汪刘胜	5	18	招商证券股份有限公司
杨超	6	3	长城证券股份有限公司
郑连声	7	10	渤海证券股份有限公司
张乐	8	12	广发证券股份有限公司
宋涛	9	2	上海申银万国证券研究所有限公司
刘威	10	2	海通证券股份有限公司

表3-18 五年期分析师预测准确性评价—最佳表现(2014.05.01—2019.04.30)
行业:可选消费—汽车与汽车零部件

分析师姓名	最佳表现排名	平均跟踪股票数量	所属证券公司
汪刘胜	1	18	招商证券股份有限公司
邓学	2	17	天风证券股份有限公司
奉玮	3	24	中国国际金融股份有限公司
彭勇	4	17	财通证券股份有限公司
张乐	5	12	广发证券股份有限公司
刘洋	6	14	西南证券股份有限公司
姜雪晴	7	15	东方证券股份有限公司
林帆	8	14	华金证券股份有限公司
陈俊斌	9	18	中信证券股份有限公司
谢志才	10	15	华泰证券股份有限公司

3 五年期证券分析师预测准确性评价

在2014年5月1日至2019年4月30日这五年的期间内,持续跟踪可选消费—汽车与汽车零部件行业并作出每股收益预测的分析师有29名。由表3-17、表3-18可以看出,从平均预测准确性角度来看,排在前五名的分析师分别是:东吴证券股份有限公司的陈显帆、中国国际金融股份有限公司的奉玮、中信证券股份有限公司的陈俊斌、西南证券股份有限公司的刘洋和招商证券股份有限公司的汪刘胜。从最佳预测准确性角度来看,排在前五名的分析师分别是:招商证券股份有限公司的汪刘胜、天风证券股份有限公司的邓学、中国国际金融股份有限公司的奉玮、财通证券股份有限公司的彭勇和广发证券股份有限公司的张乐。

表3-19 五年期分析师预测准确性评价—平均表现(2014.05.01—2019.04.30)
行业:可选消费—消费者服务、耐用消费品与服装

分析师姓名	平均表现排名	平均跟踪股票数量	所属证券公司
唐佳睿	1	5	光大证券股份有限公司
樊俊豪	2	5	中国国际金融股份有限公司
洪涛	3	3	广发证券股份有限公司
徐春	4	15	长江证券股份有限公司
何伟	5	18	中国国际金融股份有限公司
周文波	6	4	安信证券股份有限公司
訾猛	7	4	国泰君安证券股份有限公司
王睿哲	8	2	群益证券(香港)有限公司
周海晨	9	17	上海申银万国证券研究所有限公司
张涛	10	2	上海证券有限责任公司

表3-20 五年期分析师预测准确性评价—最佳表现(2014.05.01—2019.04.30)
行业:可选消费—消费者服务、耐用消费品与服装

分析师姓名	最佳表现排名	平均跟踪股票数量	所属证券公司
姜娅	1	15	中信证券股份有限公司
施红梅	2	23	东方证券股份有限公司
徐春	3	15	长江证券股份有限公司
唐佳睿	4	5	光大证券股份有限公司
李跃博	5	28	兴业证券股份有限公司
郭海燕	6	32	中国国际金融股份有限公司

(续表)

分析师姓名	最佳表现排名	平均跟踪股票数量	所属证券公司
张立聪	7	21	安信证券股份有限公司
李婕	8	28	光大证券股份有限公司
曾光	9	16	国信证券股份有限公司
糜韩杰	10	19	广发证券股份有限公司

在2014年5月1日至2019年4月30日这五年的期间内，持续跟踪可选消费—消费者服务、耐用消费品与服装行业并作出每股收益预测的分析师有68名。由表3-19、表3-20可以看出，从平均预测准确性角度来看，排在前五名的分析师分别是：光大证券股份有限公司的唐佳睿、中国国际金融股份有限公司的樊俊豪、广发证券股份有限公司的洪涛、长江证券股份有限公司的徐春和中国国际金融股份有限公司的何伟。从最佳预测准确性角度来看，排在前五名的分析师分别是：中信证券股份有限公司的姜娅、东方证券股份有限公司的施红梅、长江证券股份有限公司的徐春、光大证券股份有限公司的唐佳睿和兴业证券股份有限公司的李跃博。

表3-21 五年期分析师预测准确性评价—平均表现(2014.05.01—2019.04.30)
行业：可选消费—零售业

分析师姓名	平均表现排名	平均跟踪股票数量	所属证券公司
鄢鹏	1	1	长江证券股份有限公司
唐佳睿	2	28	光大证券股份有限公司
李婕	3	2	光大证券股份有限公司
周海晨	4	2	上海申银万国证券研究所有限公司
郭海燕	5	12	中国国际金融股份有限公司
洪涛	6	15	广发证券股份有限公司
李锦	7	9	长江证券股份有限公司
屠亦婷	8	2	上海申银万国证券研究所有限公司
施红梅	9	1	东方证券股份有限公司
汪立亭	10	19	海通证券股份有限公司

表 3-22 五年期分析师预测准确性评价—最佳表现(2014.05.01—2019.04.30)
行业：可选消费—零售业

分析师姓名	最佳表现排名	平均跟踪股票数量	所属证券公司
訾 猛	1	17	国泰君安证券股份有限公司
唐佳睿	2	28	光大证券股份有限公司
汪立亭	3	19	海通证券股份有限公司
刘章明	4	18	天风证券股份有限公司
李 锦	5	9	长江证券股份有限公司
郭海燕	6	12	中国国际金融股份有限公司
周 羽	7	10	中信证券股份有限公司
樊俊豪	8	12	中国国际金融股份有限公司
洪 涛	9	15	广发证券股份有限公司
王俊杰	10	10	兴业证券股份有限公司

在2014年5月1日至2019年4月30日这五年的期间内，持续跟踪可选消费—零售业行业并作出每股收益预测的分析师有20名。由表3-21、表3-22以看出，从平均预测准确性角度来看，排在前五名的分析师分别是：长江证券股份有限公司的鄢鹏、光大证券股份有限公司的唐佳睿、光大证券股份有限公司的李婕、上海申银万国证券研究所有限公司的周海晨和中国国际金融股份有限公司的郭海燕。从最佳预测准确性角度来看，排在前五名的分析师分别是：国泰君安证券股份有限公司的訾猛、光大证券股份有限公司的唐佳睿、海通证券股份有限公司的汪立亭、天风证券股份有限公司的刘章明和长江证券股份有限公司的李锦。

表 3-23 五年期分析师预测准确性评价—平均表现(2014.05.01—2019.04.30)
行业：工业—交通运输

分析师姓名	平均表现排名	平均跟踪股票数量	所属证券公司
杨 鑫	1	27	中国国际金融股份有限公司
郑 武	2	9	国泰君安证券股份有限公司
龚 里	3	24	兴业证券股份有限公司
岳 鑫	4	6	国泰君安证券股份有限公司
姜 明	5	23	天风证券股份有限公司
韩轶超	6	20	长江证券股份有限公司

(续表)

分析师姓名	平均表现排名	平均跟踪股票数量	所属证券公司
沈晓峰	7	17	华泰证券股份有限公司
苏宝亮	8	22	招商证券股份有限公司
张晓云	9	12	兴业证券股份有限公司
虞 楠	10	13	海通证券股份有限公司

表3-24　五年期分析师预测准确性评价—最佳表现（2014.05.01—2019.04.30）
行业：工业—交通运输

分析师姓名	最佳表现排名	平均跟踪股票数量	所属证券公司
杨 鑫	1	27	中国国际金融股份有限公司
刘 正	2	17	中信证券股份有限公司
沈晓峰	3	17	华泰证券股份有限公司
苏宝亮	4	22	招商证券股份有限公司
龚 里	5	24	兴业证券股份有限公司
姜 明	6	23	天风证券股份有限公司
郑 武	7	9	国泰君安证券股份有限公司
张晓云	8	12	兴业证券股份有限公司
韩轶超	9	20	长江证券股份有限公司
吴一凡	10	20	华创证券有限责任公司

在2014年5月1日至2019年4月30日这五年的期间内，持续跟踪工业—交通运输行业并作出每股收益预测的分析师有17名。由表3-23、表3-24可以看出，从平均预测准确性角度来看，排在前五名的分析师分别是：中国国际金融股份有限公司的杨鑫、国泰君安证券股份有限公司的郑武、兴业证券股份有限公司的龚里、国泰君安证券股份有限公司的岳鑫和天风证券股份有限公司的姜明。从最佳预测准确性角度来看，排在前五名的分析师分别是：中国国际金融股份有限公司的杨鑫、中信证券股份有限公司的刘正、华泰证券股份有限公司的沈晓峰、招商证券股份有限公司的苏宝亮和兴业证券股份有限公司的龚里。

表 3-25 五年期分析师预测准确性评价—平均表现(2014.05.01—2019.04.30)
行业：工业—商业服务与用品

分析师姓名	平均表现排名	平均跟踪股票数量	所属证券公司
郭海燕	1	2	中国国际金融股份有限公司
花小伟	2	4	中信建投证券股份有限公司
周文波	3	3	安信证券股份有限公司
陈筱	4	2	国泰君安证券股份有限公司
鲍荣富	5	5	华泰证券股份有限公司
刘晓宁	6	3	上海申银万国证券研究所有限公司
巨国贤	7	1	广发证券股份有限公司
杨志威	8	2	中银国际证券股份有限公司
唐笑	9	5	天风证券股份有限公司
樊俊豪	10	4	中国国际金融股份有限公司

表 3-26 五年期分析师预测准确性评价—最佳表现(2014.05.01—2019.04.30)
行业：工业—商业服务与用品

分析师姓名	最佳表现排名	平均跟踪股票数量	所属证券公司
花小伟	1	4	中信建投证券股份有限公司
唐笑	2	5	天风证券股份有限公司
鲍荣富	3	5	华泰证券股份有限公司
樊俊豪	4	4	中国国际金融股份有限公司
夏天	5	4	国盛证券有限责任公司
周文波	6	3	安信证券股份有限公司
揭力	7	3	国金证券有限公司
孟杰	8	6	兴业证券股份有限公司
陈筱	9	2	国泰君安证券股份有限公司
郭海燕	10	2	中国国际金融股份有限公司

在 2014 年 5 月 1 日至 2019 年 4 月 30 日这五年的期间内,持续跟踪工业—商业服务与用品行业并作出每股收益预测的分析师有 32 名。由表 3-25、表 3-26 可以看出,从平均预测准确性角度来看,排在前五名的分析师分别是：中国国际金融

股份有限公司的郭海燕、中信建投证券股份有限公司的花小伟、安信证券股份有限公司的周文波、国泰君安证券股份有限公司的陈筱和华泰证券股份有限公司的鲍荣富。从最佳预测准确性角度来看,排在前五名的分析师分别是:中信建投证券股份有限公司的花小伟、天风证券股份有限公司的唐笑、华泰证券股份有限公司的鲍荣富、中国国际金融股份有限公司的樊俊豪和国盛证券有限责任公司的夏天。

表 3-27　五年期分析师预测准确性评价——平均表现(2014.05.01—2019.04.30)
行业:工业—资本品1(含工业集团企业、建筑与工程、建筑产品)

分析师姓名	平均表现排名	平均跟踪股票数量	所属证券公司
杨 侃	1	1	民生证券股份有限公司
陶贻功	2	4	民生证券股份有限公司
邹 戈	3	3	广发证券股份有限公司
谢 璐	4	3	广发证券股份有限公司
杨 涛	5	14	国盛证券有限责任公司
范 超	6	20	长江证券股份有限公司
夏 天	7	21	国盛证券有限责任公司
杜市伟	8	11	海通证券股份有限公司
刘晓宁	9	2	上海申银万国证券研究所有限公司
李华丰	10	3	兴业证券股份有限公司

表 3-28　五年期分析师预测准确性评价——最佳表现(2014.05.01—2019.04.30)
行业:工业—资本品1(含工业集团企业、建筑与工程、建筑产品)

分析师姓名	最佳表现排名	平均跟踪股票数量	所属证券公司
孟 杰	1	25	兴业证券股份有限公司
夏 天	2	21	国盛证券有限责任公司
李 杨	3	17	上海申银万国证券研究所有限公司
鲍荣富	4	28	华泰证券股份有限公司
唐 笑	5	30	天风证券股份有限公司
杨 涛	6	14	国盛证券有限责任公司
杜市伟	7	11	海通证券股份有限公司
邹 戈	8	3	广发证券股份有限公司
李华丰	9	3	兴业证券股份有限公司
陶贻功	10	4	民生证券股份有限公司

在2014年5月1日至2019年4月30日这五年的期间内,持续跟踪工业—资本品1(含工业集团企业、建筑与工程、建筑产品)行业并作出每股收益预测的分析师有21名。由表3-27、表3-28可以看出,从平均预测准确性角度来看,排在前五名的分析师分别是:民生证券股份有限公司的杨侃、民生证券股份有限公司的陶贻功、广发证券股份有限公司的邹戈、广发证券股份有限公司的谢璐和国盛证券有限责任公司的杨涛。从最佳预测准确性角度来看,排在前五名的分析师分别是:兴业证券股份有限公司的孟杰、国盛证券有限责任公司的夏天、上海申银万国证券研究所有限公司的李杨、华泰证券股份有限公司的鲍荣富和天风证券股份有限公司的唐笑。

表3-29　五年期分析师预测准确性评价—平均表现(2014.05.01—2019.04.30)
行业：工业—资本品2(机械制造)

分析师姓名	平均表现排名	平均跟踪股票数量	所属证券公司
范海波	1	4	信达证券股份有限公司
张立聪	2	2	安信证券股份有限公司
徐若旭	3	1	上海申银万国证券研究所有限公司
马宝德	4	2	国联证券股份有限公司
朱栋	5	4	平安证券股份有限公司
奉玮	6	4	中国国际金融股份有限公司
周海晨	7	6	上海申银万国证券研究所有限公司
刘晓宁	8	5	上海申银万国证券研究所有限公司
韩振国	9	1	方正证券股份有限公司
刘孙亮	10	3	爱建证券有限责任公司

表3-30　五年期分析师预测准确性评价—最佳表现(2014.05.01—2019.04.30)
行业：工业—资本品2(机械制造)

分析师姓名	最佳表现排名	平均跟踪股票数量	所属证券公司
罗立波	1	34	广发证券股份有限公司
吕娟	2	31	方正证券股份有限公司
陈显帆	3	27	东吴证券股份有限公司
章诚	4	20	华泰证券股份有限公司
刘军	5	25	东北证券股份有限公司

(续表)

分析师姓名	最佳表现排名	平均跟踪股票数量	所属证券公司
刘 荣	6	29	招商证券股份有限公司
成尚汶	7	30	兴业证券股份有限公司
黄 琨	8	23	国泰君安证券股份有限公司
肖群稀	9	18	华泰证券股份有限公司
邹润芳	10	32	天风证券股份有限公司

在2014年5月1日至2019年4月30日这五年的期间内，持续跟踪工业—资本品2(机械制造)行业并作出每股收益预测的分析师有51名。由表3-29、表3-30可以看出，从平均预测准确性角度来看，排在前五名的分析师分别是：信达证券股份有限公司的范海波、安信证券股份有限公司的张立聪、上海申银万国证券研究所有限公司的徐若旭、国联证券股份有限公司的马宝德和平安证券股份有限公司的朱栋。从最佳预测准确性角度来看，排在前五名的分析师分别是：广发证券股份有限公司的罗立波、方正证券股份有限公司的吕娟、东吴证券股份有限公司的陈显帆、华泰证券股份有限公司的章诚和东北证券股份有限公司的刘军。

表3-31 五年期分析师预测准确性评价—平均表现(2014.05.01—2019.04.30)
行业：工业—资本品4(电气设备)

分析师姓名	平均表现排名	平均跟踪股票数量	所属证券公司
郑丹丹	1	13	浙商证券股份有限公司
杨敬梅	2	4	西部证券股份有限公司
朱 栋	3	15	平安证券股份有限公司
刘海博	4	1	中信证券股份有限公司
曾朵红	5	22	东吴证券股份有限公司
张 帅	6	7	国金证券股份有限公司
房 青	7	20	海通证券股份有限公司
王书伟	8	3	安信证券股份有限公司
徐柏乔	9	11	海通证券股份有限公司
王华君	10	2	中泰证券股份有限公司

表 3-32　五年期分析师预测准确性评价—最佳表现(2014.05.01—2019.04.30)
　　　　行业：工业—资本品 4(电气设备)

分析师姓名	最佳表现排名	平均跟踪股票数量	所属证券公司
曾朵红	1	22	东吴证券股份有限公司
郑丹丹	2	13	浙商证券股份有限公司
弓永峰	3	12	中信证券股份有限公司
沈　成	4	17	中银国际证券股份有限公司
谭　倩	5	20	国海证券股份有限公司
房　青	6	20	海通证券股份有限公司
杨敬梅	7	4	西部证券股份有限公司
朱　栋	8	15	平安证券股份有限公司
徐柏乔	9	11	海通证券股份有限公司
龚斯闻	10	11	财通证券股份有限公司

在 2014 年 5 月 1 日至 2019 年 4 月 30 日这五年的期间内,持续跟踪工业—资本品 4(电气设备)行业并作出每股收益预测的分析师有 27 名。由表 3-31、表 3-32 可以看出,从平均预测准确性角度来看,排在前五名的分析师分别是：浙商证券股份有限公司的郑丹丹、西部证券股份有限公司的杨敬梅、平安证券股份有限公司的朱栋、中信证券股份有限公司的刘海博和东吴证券股份有限公司的曾朵红。从最佳预测准确性角度来看,排在前五名的分析师分别是：东吴证券股份有限公司的曾朵红、浙商证券股份有限公司的郑丹丹、中信证券股份有限公司的弓永峰、中银国际证券股份有限公司的沈成和国海证券股份有限公司的谭倩。

表 3-33　五年期分析师预测准确性评价—平均表现(2014.05.01—2019.04.30)
　　　　行业：工业—资本品 5(航空航天与国防)

分析师姓名	平均表现排名	平均跟踪股票数量	所属证券公司
邹润芳	1	6	天风证券股份有限公司
陈显帆	2	2	东吴证券股份有限公司
高　嵩	3	9	中信证券股份有限公司
李　良	4	4	中国银河证券股份有限公司
王　超	5	6	招商证券股份有限公司
王宇飞	6	10	中国国际金融股份有限公司
王　习	7	5	东兴证券股份有限公司
王华君	8	2	中泰证券股份有限公司

表 3-34 五年期分析师预测准确性评价—最佳表现(2014.05.01—2019.04.30)
行业：工业—资本品5(航空航天与国防)

分析师姓名	最佳表现排名	平均跟踪股票数量	所属证券公司
高 嵩	1	9	中信证券股份有限公司
邹润芳	2	6	天风证券股份有限公司
王 超	3	6	招商证券股份有限公司
王宇飞	4	10	中国国际金融股份有限公司
王 习	5	5	东兴证券股份有限公司
李 良	6	4	中国银河证券股份有限公司
陈显帆	7	2	东吴证券股份有限公司
王华君	8	2	中泰证券股份有限公司

在2014年5月1日至2019年4月30日这五年的期间内,持续跟踪工业—资本品5(航空航天与国防)行业并作出每股收益预测的分析师有8名。由表3-33、表3-34可以看出,从平均预测准确性角度来看,排在前五名的分析师分别是：天风证券股份有限公司的邹润芳、东吴证券股份有限公司的陈显帆、中信证券股份有限公司的高嵩、中国银河证券股份有限公司的李良和招商证券股份有限公司的王超。从最佳预测准确性角度来看,排在前五名的分析师分别是：中信证券股份有限公司的高嵩、天风证券股份有限公司的邹润芳、招商证券股份有限公司的王超、中国国际金融股份有限公司的王宇飞和东兴证券股份有限公司的王习。

表 3-35 五年期分析师预测准确性评价—平均表现(2014.05.01—2019.04.30)
行业：电信业务—电信业务(含电信服务与通信设备)

分析师姓名	平均表现排名	平均跟踪股票数量	所属证券公司
邹润芳	1	2	天风证券股份有限公司
胡嘉铭	2	3	群益证券(香港)有限公司
宋嘉吉	3	13	国盛证券有限责任公司
刘雪峰	4	2	广发证券股份有限公司
唐海清	5	18	天风证券股份有限公司
王宇飞	6	2	中国国际金融股份有限公司
马 军	7	10	方正证券股份有限公司
程 成	8	10	国信证券股份有限公司
王 林	9	11	招商证券股份有限公司
于海宁	10	4	长江证券股份有限公司

表 3-36 五年期分析师预测准确性评价——最佳表现(2014.05.01—2019.04.30)
行业：电信业务—电信业务(含电信服务与通信设备)

分析师姓名	最佳表现排名	平均跟踪股票数量	所属证券公司
宋嘉吉	1	13	国盛证券有限责任公司
周 明	2	12	华泰证券股份有限公司
唐海清	3	18	天风证券股份有限公司
王 林	4	11	招商证券股份有限公司
朱劲松	5	12	海通证券股份有限公司
马 军	6	10	方正证券股份有限公司
胡嘉铭	7	3	群益证券(香港)有限公司
程 成	8	10	国信证券股份有限公司
李亚军	9	4	国信证券股份有限公司
田明华	10	8	光大证券股份有限公司

在 2014 年 5 月 1 日至 2019 年 4 月 30 日这五年的期间内，持续跟踪电信业务—电信业务(含电信服务与通信设备)行业并作出每股收益预测的分析师有 20 名。由表 3-35、表 3-36 可以看出，从平均预测准确性角度来看，排在前五名的分析师分别是：天风证券股份有限公司的邹润芳、群益证券(香港)有限公司的胡嘉铭、国盛证券有限责任公司的宋嘉吉、广发证券股份有限公司的刘雪峰和天风证券股份有限公司的唐海清。从最佳预测准确性角度来看，排在前五名的分析师分别是：国盛证券有限责任公司的宋嘉吉、华泰证券股份有限公司的周明、天风证券股份有限公司的唐海清、招商证券股份有限公司的王林和海通证券股份有限公司的朱劲松。

表 3-37 五年期分析师预测准确性评价——平均表现(2014.05.01—2019.04.30)
行业：能源—能源

分析师姓名	平均表现排名	平均跟踪股票数量	所属证券公司
刘芷君	1	3	广发证券股份有限公司
罗立波	2	3	广发证券股份有限公司
王 强	3	10	招商证券股份有限公司
刘晓宁	4	6	上海申银万国证券研究所有限公司
邓 勇	5	11	海通证券股份有限公司

(续表)

分析师姓名	平均表现排名	平均跟踪股票数量	所属证券公司
沈 涛	6	17	广发证券股份有限公司
李 佳	7	3	华创证券有限责任公司
柴沁虎	8	3	东吴证券股份有限公司
孔令鑫	9	1	中国国际金融股份有限公司
卢 平	10	17	招商证券股份有限公司

表 3-38　五年期分析师预测准确性评价—最佳表现(2014.05.01—2019.04.30)
行业：能源—能源

分析师姓名	最佳表现排名	平均跟踪股票数量	所属证券公司
王 强	1	10	招商证券股份有限公司
邓 勇	2	11	海通证券股份有限公司
刘晓宁	3	6	上海申银万国证券研究所有限公司
李俊松	4	15	中泰证券股份有限公司
卢 平	5	17	招商证券股份有限公司
罗立波	6	3	广发证券股份有限公司
沈 涛	7	17	广发证券股份有限公司
安 鹏	8	17	广发证券股份有限公司
祖国鹏	9	10	中信证券股份有限公司
黄莉莉	10	9	中信证券股份有限公司

在 2014 年 5 月 1 日至 2019 年 4 月 30 日这五年的期间内,持续跟踪能源—能源行业并作出每股收益预测的分析师有 29 名。由表 3-37、表 3-38 可以看出,从平均预测准确性角度来看,排在前五名的分析师分别是：广发证券股份有限公司的刘芷君、广发证券股份有限公司的罗立波、招商证券股份有限公司的王强、上海申银万国证券研究所有限公司的刘晓宁和海通证券股份有限公司的邓勇。从最佳预测准确性角度来看,排在前五名的分析师分别是：招商证券股份有限公司的王强、海通证券股份有限公司的邓勇、上海申银万国证券研究所有限公司的刘晓宁、中泰证券股份有限公司的李俊松和招商证券股份有限公司的卢平。

表 3-39 五年期分析师预测准确性评价—平均表现(2014.05.01—2019.04.30)
行业：金融地产—银行

分析师姓名	平均表现排名	平均跟踪股票数量	所属证券公司
马鲲鹏	1	13	上海申银万国证券研究所有限公司
励雅敏	2	17	中银国际证券股份有限公司
邱冠华	3	13	国泰君安证券股份有限公司
傅慧芳	4	11	兴业证券股份有限公司
屈 俊	5	10	广发证券股份有限公司
沈 娟	6	9	华泰证券股份有限公司
肖斐斐	7	11	中信证券股份有限公司
张 明	8	4	华创证券有限责任公司
杨 荣	9	11	中信建投证券股份有限公司

表 3-40 五年期分析师预测准确性评价—最佳表现(2014.05.01—2019.04.30)
行业：金融地产—银行

分析师姓名	最佳表现排名	平均跟踪股票数量	所属证券公司
马鲲鹏	1	13	上海申银万国证券研究所有限公司
励雅敏	2	17	中银国际证券股份有限公司
邱冠华	3	13	国泰君安证券股份有限公司
杨 荣	4	11	中信建投证券股份有限公司
傅慧芳	5	11	兴业证券股份有限公司
屈 俊	6	10	广发证券股份有限公司
肖斐斐	7	11	中信证券股份有限公司
沈 娟	8	9	华泰证券股份有限公司
张 明	9	4	华创证券有限责任公司

在2014年5月1日至2019年4月30日这五年的期间内，持续跟踪金融地产—银行行业并作出每股收益预测的分析师有9名。由表3-39、表3-40可以看出，从平均预测准确性角度来看，排在前五名的分析师分别是：上海申银万国证券研究所有限公司的马鲲鹏、中银国际证券股份有限公司的励雅敏、国泰君安证券股份有限公司的邱冠华、兴业证券股份有限公司的傅慧芳和广发证券股份有限公司的屈俊。从最佳预测准确性角度来看，排在前五名的分析师分别是：上海申银万国

证券研究所有限公司的马鲲鹏、中银国际证券股份有限公司的励雅敏、国泰君安证券股份有限公司的邱冠华、中信建投证券股份有限公司的杨荣和兴业证券股份有限公司的傅慧芳。

表3-41　五年期分析师预测准确性评价—平均表现(2014.05.01—2019.04.30)
行业：金融地产—非银金融(含保险、资本市场、其他金融)

分析师姓名	平均表现排名	平均跟踪股票数量	所属证券公司
孙　婷	1	14	海通证券股份有限公司
沈　娟	2	20	华泰证券股份有限公司
傅慧芳	3	3	兴业证券股份有限公司
陈　雯	4	8	平安证券股份有限公司
缴文超	5	12	万联证券股份有限公司
刘欣琦	6	17	国泰君安证券股份有限公司
王丛云	7	11	上海申银万国证券研究所有限公司
魏　涛	8	9	太平洋证券股份有限公司
洪锦屏	9	12	华创证券有限责任公司
赵湘怀	10	26	光大证券股份有限公司

表3-42　五年期分析师预测准确性评价—最佳表现(2014.05.01—2019.04.30)
行业：金融地产—非银金融(含保险、资本市场、其他金融)

分析师姓名	最佳表现排名	平均跟踪股票数量	所属证券公司
孙　婷	1	14	海通证券股份有限公司
赵湘怀	2	26	光大证券股份有限公司
沈娟	3	20	华泰证券股份有限公司
刘欣琦	4	17	国泰君安证券股份有限公司
缴文超	5	12	万联证券股份有限公司
陈　雯	6	8	平安证券股份有限公司
邵子钦	7	6	中信证券股份有限公司
王丛云	8	11	上海申银万国证券研究所有限公司
童成墩	9	6	中信证券股份有限公司
魏　涛	10	9	太平洋证券股份有限公司

在2014年5月1日至2019年4月30日这五年的期间内,持续跟踪金融地产—非银金融(含保险、资本市场、其他金融)行业并作出每股收益预测的分析师有16名。由表3-41、表3-42可以看出,从平均预测准确性角度来看,排在前五名的分析师分别是:海通证券股份有限公司的孙婷、华泰证券股份有限公司的沈娟、兴业证券股份有限公司的傅慧芳、平安证券股份有限公司的陈雯和万联证券股份有限公司的缴文超。从最佳预测准确性角度来看,排在前五名的分析师分别是:海通证券股份有限公司的孙婷、光大证券股份有限公司的赵湘怀、华泰证券股份有限公司的沈娟、国泰君安证券股份有限公司的刘欣琦和万联证券股份有限公司的缴文超。

表3-43 五年期分析师预测准确性评价—平均表现(2014.05.01—2019.04.30)
行业:金融地产—房地产

分析师姓名	平均表现排名	平均跟踪股票数量	所属证券公司
刘 璐	1	9	中信建投证券股份有限公司
杨 侃	2	12	平安证券股份有限公司
申思聪	3	7	长江证券股份有限公司
乐加栋	4	21	广发证券股份有限公司
陈 聪	5	12	中信证券股份有限公司
区瑞明	6	13	国信证券股份有限公司
涂力磊	7	42	海通证券股份有限公司
陈 慎	8	18	华泰证券股份有限公司
陈天诚	9	15	天风证券股份有限公司
阎常铭	10	13	兴业证券股份有限公司

表3-44 五年期分析师预测准确性评价—最佳表现(2014.05.01—2019.04.30)
行业:金融地产—房地产

分析师姓名	最佳表现排名	平均跟踪股票数量	所属证券公司
涂力磊	1	42	海通证券股份有限公司
陈 聪	2	12	中信证券股份有限公司
郑闵钢	3	23	东兴证券股份有限公司
谢皓宇	4	7	国泰君安证券股份有限公司
乐加栋	5	21	广发证券股份有限公司

(续表)

分析师姓名	最佳表现排名	平均跟踪股票数量	所属证券公司
陈 慎	6	18	华泰证券股份有限公司
阎常铭	7	13	兴业证券股份有限公司
陈天诚	8	15	天风证券股份有限公司
王 逸	9	4	北京高华证券有限责任公司
区瑞明	10	13	国信证券股份有限公司

在2014年5月1日至2019年4月30日这五年的期间内,持续跟踪金融地产—房地产行业并作出每股收益预测的分析师有21名。由表3-43、表3-44可以看出,从平均预测准确性角度来看,排在前五名的分析师分别是:中信建投证券股份有限公司的刘璐、平安证券股份有限公司的杨侃、长江证券股份有限公司的申思聪、广发证券股份有限公司的乐加栋和中信证券股份有限公司的陈聪。从最佳预测准确性角度来看,排在前五名的分析师分别是:海通证券股份有限公司的涂力磊、中信证券股份有限公司的陈聪、东兴证券股份有限公司的郑闵钢、国泰君安证券股份有限公司的谢皓宇和广发证券股份有限公司的乐加栋。

4 三年期证券公司预测准确性评价

4.1 数据来源与样本说明

三年期证券公司预测准确性评价的数据期间为2016年5月1日至2019年4月30日。证券公司预测准确性评分在其下属分析师预测准确性基础上汇总计算得出。所有分析师预测数据来源于CSMAR数据库,涉及指标包括分析师姓名、分析师编码、所属证券公司名称、预测公司证券代码、证券简称、预测终止日、预测每股收益及实际每股收益。分析师样本筛选原则同1.2节所述。在对证券公司预测准确性表现进行评价时,我们只对连续三年每年至少存在一名活动分析师的证券公司进行了排名。经上述筛选后,最终得到参与三年期证券公司预测准确性评价的证券公司共63家。

在对证券公司预测准确性进行评价时,我们从证券公司预测准确性综合评价和证券公司明星分析师数量两个角度进行评价,在分别从证券公司层面对分析师表现进行汇总得到每家证券公司每年度表现的基础上,对证券公司三年表现进行综合评价。

4.2 三年期证券公司预测准确性评价结果

表4-1 三年期证券公司预测准确性综合评价—平均表现维度(2016.05.01—2019.04.30)

证券公司名称	排名	年均分析师数量	年均研报数量
国盛证券有限责任公司	1	15	82
中国国际金融股份有限公司	2	66	737
东莞证券股份有限公司	3	13	92
广州广证恒生证券投资咨询有限公司	4	12	98

(续表)

证券公司名称	排名	年均分析师数量	年均研报数量
财通证券股份有限公司	5	11	167
中泰证券股份有限公司	6	50	516
群益证券(香港)有限公司	7	11	120
长江证券股份有限公司	8	55	405
东吴证券股份有限公司	9	32	372
天风证券股份有限公司	10	62	668
光大证券股份有限公司	11	44	378
东方证券股份有限公司	12	29	227
长城证券股份有限公司	13	33	198
广发证券股份有限公司	14	69	660
华创证券有限责任公司	15	37	519
浙商证券股份有限公司	16	21	146
上海申银万国证券研究所有限公司	17	101	668
平安证券股份有限公司	18	48	338
上海证券有限责任公司	19	14	124
国信证券股份有限公司	20	36	343
兴业证券股份有限公司	21	60	774
华泰证券股份有限公司	22	57	543
华金证券股份有限公司	23	12	233
招商证券股份有限公司	24	80	667
安信证券股份有限公司	25	54	692
西南证券股份有限公司	26	28	492
中信证券股份有限公司	27	55	559
财富证券有限责任公司	28	9	157
方正证券股份有限公司	29	43	461
国海证券股份有限公司	30	19	392
国泰君安证券股份有限公司	31	135	730

(续表)

证券公司名称	排名	年均分析师数量	年均研报数量
国金证券股份有限公司	32	32	346
海通证券股份有限公司	33	78	938
华融证券有限公司	34	5	15
国联证券股份有限公司	35	18	245
太平洋证券股份有限公司	36	41	356
长城国瑞证券有限公司	37	6	54
中银国际证券股份有限公司	38	30	215
中信建投证券股份有限公司	39	44	526
华鑫证券有限责任公司	40	7	82
东兴证券股份有限公司	41	28	426
川财证券有限责任公司	42	8	54
东北证券股份有限公司	43	65	651
世纪证券有限责任公司	44	1	1
渤海证券股份有限公司	45	18	76
信达证券股份有限公司	46	25	154
中国银河证券股份有限公司	47	21	139
国开证券有限公司	48	4	12
民生证券股份有限公司	49	70	447
万联证券股份有限公司	50	5	46
联讯证券股份有限公司	51	10	180
山西证券股份有限公司	52	10	48
爱建证券有限责任公司	53	3	13
北京高华证券有限责任公司	54	13	34
开源证券股份有限公司	55	3	16
国元证券股份有限公司	56	21	91
首创证券有限责任公司	57	3	10
中航证券有限公司	58	17	42

（续表）

证券公司名称	排名	年均分析师数量	年均研报数量
中原证券股份有限公司	59	7	82
华安证券股份有限公司	60	7	55
辉立证券集团	61	4	23
网信证券有限责任公司	62	3	3
西藏东方财富证券股份有限公司	63	3	5

由表 4-1 可以看出，在 2016 年 5 月 1 日至 2019 年 4 月 30 日期间内，从分析师平均表现维度对证券公司预测准确性进行综合评价，排在前五名的证券公司分别是：国盛证券有限责任公司（活动分析师 15 名，共发布研报 82 份）、中国国际金融股份有限公司（活动分析师 66 名，共发布研报 737 份）、东莞证券股份有限公司（活动分析师 13 名，共发布研报 92 份）、广州广证恒生证券投资咨询有限公司（活动分析师 12 名，共发布研 98 份）和财通证券股份有限公司（活动分析师 11 名，共发布研报 167 份）。

表 4-2　三年期证券公司预测准确性综合评价—最佳表现维度（2016.05.01—2019.04.30）

证券公司名称	排名	年均分析师数量	年均研报数量
西南证券股份有限公司	1	28	492
华金证券股份有限公司	2	12	233
海通证券股份有限公司	3	78	938
广发证券股份有限公司	4	69	660
东吴证券股份有限公司	5	32	372
安信证券股份有限公司	6	54	692
长城国瑞证券有限公司	7	6	54
中泰证券股份有限公司	8	50	516
兴业证券股份有限公司	9	60	774
中信证券股份有限公司	10	55	559
华泰证券股份有限公司	11	57	543
华创证券有限责任公司	12	37	519
天风证券股份有限公司	13	62	668

(续表)

证券公司名称	排名	年均分析师数量	年均研报数量
上海证券有限责任公司	14	14	124
平安证券股份有限公司	15	48	338
国信证券股份有限公司	16	36	343
光大证券股份有限公司	17	44	378
方正证券股份有限公司	18	43	461
广州广证恒生证券投资咨询有限公司	19	12	98
东兴证券股份有限公司	20	28	426
群益证券(香港)有限公司	21	11	120
中国国际金融股份有限公司	22	66	737
国泰君安证券股份有限公司	23	135	730
东北证券股份有限公司	24	65	651
东方证券股份有限公司	25	29	227
招商证券股份有限公司	26	80	667
国海证券股份有限公司	27	19	392
财通证券股份有限公司	28	11	167
财富证券有限责任公司	29	9	157
长江证券股份有限公司	30	55	405
国金证券股份有限公司	31	32	346
国联证券股份有限公司	32	18	245
首创证券有限责任公司	33	3	10
国盛证券有限责任公司	34	15	82
信达证券股份有限公司	35	25	154
中信建投证券股份有限公司	36	44	526
太平洋证券股份有限公司	37	41	356
万联证券股份有限公司	38	5	46
民生证券股份有限公司	39	70	447
上海申银万国证券研究所有限公司	40	101	668

（续表）

证券公司名称	排名	年均分析师数量	年均研报数量
东莞证券股份有限公司	41	13	92
长城证券股份有限公司	42	33	198
华鑫证券有限责任公司	43	7	82
中原证券股份有限公司	44	7	82
浙商证券股份有限公司	45	21	146
中银国际证券股份有限公司	46	30	215
联讯证券股份有限公司	47	10	180
山西证券股份有限公司	48	10	48
国元证券股份有限公司	49	21	91
渤海证券股份有限公司	50	18	76
川财证券有限责任公司	51	8	54
中国银河证券股份有限公司	52	21	139
华安证券股份有限公司	53	7	55
爱建证券有限责任公司	54	3	13
开源证券股份有限公司	55	3	16
华融证券股份有限公司	56	5	15
北京高华证券有限责任公司	57	13	34
辉立证券集团	58	4	23
国开证券有限责任公司	59	4	12
中航证券有限公司	60	17	42
世纪证券有限责任公司	61	1	1
网信证券有限责任公司	62	3	3
西藏东方财富证券股份有限公司	63	3	5

由表 4-2 可以看出，在 2016 年 5 月 1 日至 2019 年 4 月 30 日期间内，从分析师最佳表现维度对证券公司预测准确性进行综合评价，排在前五名的证券公司分别是：西南证券股份有限公司（活动分析师 28 名，共发布研报 492 份）、华金证券股份有限公司（活动分析师 12 名，共发布研报 233 份）、海通证券股份有限公司（活动分析师 78 名，共发布研报 938 份）、广发证券股份有限公司（活动分析师 69 名，

共发布研 660 份)和东吴证券股份有限公司(活动分析师 32 名,共发布研报 372 份)。

表 4-3 三年期证券公司明星分析师席位排名—平均表现维度(2016.05.01—2019.04.30)

证券公司名称	排名	明星分析师总量	证券公司分析师总量	证券公司研报总量
天风证券股份有限公司	1	17	186	2 005
中国国际金融股份有限公司	2	16	198	2 210
国泰君安证券股份有限公司	3	16	404	2 191
安信证券股份有限公司	4	15	161	2 076
招商证券股份有限公司	5	15	240	2 000
兴业证券股份有限公司	6	14	181	2 323
上海申银万国证券研究所有限公司	7	14	302	2 005
方正证券股份有限公司	8	13	129	1 384
中泰证券股份有限公司	9	13	150	1 547
中信建投证券股份有限公司	10	11	131	1 577
中信证券股份有限公司	11	11	164	1 676
广发证券股份有限公司	12	11	206	1 980
浙商证券股份有限公司	13	10	62	439
长江证券股份有限公司	14	10	166	1 214
民生证券股份有限公司	15	10	211	1 341
西南证券股份有限公司	16	9	85	1 477
平安证券股份有限公司	17	9	145	1 015
华泰证券股份有限公司	18	9	170	1 629
信达证券股份有限公司	19	8	76	461
东吴证券股份有限公司	20	8	96	1 115
太平洋证券股份有限公司	21	8	123	1 067
东北证券股份有限公司	22	8	194	1 952
光大证券股份有限公司	23	7	133	1 135
东莞证券股份有限公司	24	6	39	277

(续表)

证券公司名称	排名	明星分析师总量	证券公司分析师总量	证券公司研报总量
中银国际证券股份有限公司	25	6	89	645
广州广证恒生证券投资咨询有限公司	26	5	36	294
东兴证券股份有限公司	27	5	83	1 279
长城证券股份有限公司	28	5	100	594
海通证券股份有限公司	29	5	235	2 815
华金证券股份有限公司	30	4	37	699
国信证券股份有限公司	31	4	107	1 030
长城国瑞证券有限公司	32	3	17	161
川财证券有限责任公司	33	3	25	163
国盛证券有限责任公司	34	3	44	247
中航证券有限公司	35	3	50	125
国金证券股份有限公司	36	3	95	1 037
万联证券股份有限公司	37	2	16	137
财富证券有限责任公司	38	2	27	472
山西证券股份有限公司	39	2	29	144
群益证券(香港)有限公司	40	2	34	359
北京高华证券有限责任公司	41	2	38	102
国海证券股份有限公司	42	2	57	1 177
东方证券股份有限公司	43	2	87	681
华创证券有限责任公司	44	2	112	1 557
首创证券有限责任公司	45	1	10	31
华融证券股份有限公司	46	1	16	45
华安证券股份有限公司	47	1	22	165
联讯证券股份有限公司	48	1	31	540
财通证券股份有限公司	49	1	33	501
上海证券有限责任公司	50	1	42	371

(续表)

证券公司名称	排名	明星分析师总量	证券公司分析师总量	证券公司研报总量
渤海证券股份有限公司	51	1	53	228
国联证券股份有限公司	52	1	55	736
中国银河证券股份有限公司	53	1	62	418
世纪证券有限责任公司	54	0	4	4
网信证券有限责任公司	55	0	8	9
西藏东方财富证券股份有限公司	56	0	9	14
爱建证券有限责任公司	57	0	9	40
开源证券股份有限公司	58	0	9	47
国开证券股份有限公司	59	0	12	36
辉立证券集团	60	0	12	68
中原证券股份有限公司	61	0	20	246
华鑫证券有限责任公司	62	0	22	245
国元证券股份有限公司	63	0	62	274

根据1.2节所述行业划分方法，2016.05.01—2019.04.30三个年度24个行业共产生明星分析师360名。由表4-3可以看出，在2016年5月1日至2019年4月30日期间内，从分析师平均表现维度评选明星分析师并在此基础上对证券公司实力进行评价，排在前五名的证券公司分别是：天风证券股份有限公司（拥有明星分析师累计17名，活动分析师累计186名，发布研报累计2 005份）、中国国际金融股份有限公司（拥有明星分析师累计16名，活动分析师累计198名，发布研报累计2 210份）、国泰君安证券股份有限公司（拥有明星分析师累计16名，活动分析师累计404名，发布研报累计2 191份）、安信证券股份有限公司（拥有明星分析师累计15名，活动分析师累计161名，发布研报累计2 076份）和招商证券股份有限公司（拥有明星分析师累计15名，活动分析师累计240名，发布研报累计2 000份）。

表4-4 三年期证券公司明星分析师席位排名—最佳表现维度(2016.05.01—2019.04.30)

证券公司名称	排名	明星分析师总量	证券公司分析师总量	证券公司研报总量
中国国际金融股份有限公司	1	27	198	2 210
广发证券股份有限公司	2	19	206	1 980
国泰君安证券股份有限公司	3	18	404	2 191
兴业证券股份有限公司	4	16	181	2 323
中信证券股份有限公司	5	13	164	1 676
海通证券股份有限公司	6	13	235	2 815
华泰证券股份有限公司	7	12	170	1 629
东北证券股份有限公司	8	12	194	1 952
招商证券股份有限公司	9	12	240	2 000
平安证券股份有限公司	10	11	145	1 015
安信证券股份有限公司	11	11	161	2 076
中信建投证券股份有限公司	12	10	131	1 577
中泰证券股份有限公司	13	10	150	1 547
天风证券股份有限公司	14	10	186	2 005
上海申银万国证券研究所有限公司	15	10	302	2 005
方正证券股份有限公司	16	9	129	1 384
东兴证券股份有限公司	17	8	83	1 279
西南证券股份有限公司	18	8	85	1 477
民生证券股份有限公司	19	8	211	1 341
群益证券(香港)有限公司	20	6	34	359
华金证券股份有限公司	21	6	37	699
国海证券股份有限公司	22	6	57	1 177
中银国际证券股份有限公司	23	6	89	645
国信证券股份有限公司	24	6	107	1 030
光大证券股份有限公司	25	6	133	1 135
东吴证券股份有限公司	26	5	96	1 115

(续表)

证券公司名称	排名	明星分析师总量	证券公司分析师总量	证券公司研报总量
华创证券有限责任公司	27	5	112	1 557
长江证券股份有限公司	28	5	166	1 214
联讯证券股份有限公司	29	4	31	540
财通证券股份有限公司	30	4	33	501
东莞证券股份有限公司	31	4	39	277
中国银河证券股份有限公司	32	4	62	418
东方证券股份有限公司	33	4	87	681
国金证券股份有限公司	34	4	95	1 037
长城证券股份有限公司	35	4	100	594
太平洋证券股份有限公司	36	4	123	1 067
华鑫证券有限责任公司	37	3	22	245
国盛证券有限责任公司	38	3	44	247
国联证券股份有限公司	39	3	55	736
浙商证券股份有限公司	40	3	62	439
辉立证券集团	41	2	12	68
长城国瑞证券有限公司	42	2	17	161
华安证券股份有限公司	43	2	22	165
财富证券有限责任公司	44	2	27	472
渤海证券股份有限公司	45	2	53	228
爱建证券有限责任公司	46	1	9	40
万联证券股份有限公司	47	1	16	137
川财证券有限责任公司	48	1	25	163
山西证券股份有限公司	49	1	29	144
北京高华证券有限责任公司	50	1	38	102
上海证券有限责任公司	51	1	42	371
中航证券有限公司	52	1	50	125

(续表)

证券公司名称	排名	明星分析师总量	证券公司分析师总量	证券公司研报总量
国元证券股份有限公司	53	1	62	274
世纪证券有限责任公司	54	0	4	4
网信证券有限责任公司	55	0	8	9
西藏东方财富证券股份有限公司	56	0	9	14
开源证券股份有限公司	57	0	9	47
首创证券有限责任公司	58	0	10	31
国开证券股份有限公司	59	0	12	36
华融证券股份有限公司	60	0	16	45
中原证券股份有限公司	61	0	20	246
广州广证恒生证券投资咨询有限公司	62	0	36	294
信达证券股份有限公司	63	0	76	461

根据1.2节所述行业划分方法，2016.05.01—2019.04.30三个年度24个行业共产生明星分析师360名。由表4-4可以看出，在2016年5月1日至2019年4月30日期间内，从分析师最佳表现维度评选明星分析师并在此基础上对证券公司实力进行评价，排在前五名的证券公司分别是：中国国际金融股份有限公司（拥有明星分析师累计27名，活动分析师累计198名，发布研报累计2 210份）、广发证券股份有限公司（拥有明星分析师累计19名，活动分析师累计206名，发布研报累计1 980份）、国泰君安证券股份有限公司（拥有明星分析师累计18名，活动分析师累计404名，发布研报累计2 191份）、兴业证券股份有限公司（拥有明星分析师累计16名，活动分析师累计181名，发布研报累计2 323份）和中信证券股份有限公司（拥有明星分析师累计13名，活动分析师累计164名，发布研报累计1 676份），海通证券股份有限公司（拥有明星分析师累计13名，活动分析师累计235名，发布研报累计2 815份）与中信证券股份有限公司明星分析师席位相同，并列第五名。

5 五年期证券公司预测准确性评价

5.1 数据来源与样本说明

五年期证券公司预测准确性评价的数据期间为2014年5月1日至2019年4月30日。证券公司预测准确性评分在其下属分析师预测准确性基础上汇总计算得出。所有分析师预测数据来源于CSMAR数据库,涉及指标包括分析师姓名、分析师编码、所属证券公司名称、预测公司证券代码、证券简称、预测终止日、预测每股收益及实际每股收益。分析师样本筛选原则同1.2节所述。在对证券公司预测准确性表现进行评价时,我们只对连续五年每年至少存在一名活动分析师的证券公司进行了排名。经上述筛选后,最终得到参与五年期证券公司预测准确性评价的证券公司共56家。

在对证券公司预测准确性进行评价时,我们从证券公司预测准确性综合评价和证券公司明星分析师数量两个角度进行评价,在分别从证券公司层面对分析师表现进行汇总得到每家证券公司每年度表现的基础上,对证券公司五年表现进行综合评价。

5.2 五年期证券公司预测准确性评价结果

表5-1 五年期证券公司预测准确性综合评价—平均表现维度(2014.05.01—2019.04.30)

证券公司名称	排名	年均分析师数量	年均研报数量
中国国际金融股份有限公司	1	60	669
群益证券(香港)有限公司	2	12	135
浙商证券股份有限公司	3	17	120
中泰证券股份有限公司	4	42	421

(续表)

证券公司名称	排名	年均分析师数量	年均研报数量
长江证券股份有限公司	5	47	495
平安证券股份有限公司	6	47	325
上海申银万国证券研究所有限公司	7	97	645
广发证券股份有限公司	8	61	572
广州广证恒生证券投资咨询有限公司	9	12	77
东方证券股份有限公司	10	31	206
东吴证券股份有限公司	11	25	277
华泰证券股份有限公司	12	57	523
兴业证券股份有限公司	13	58	722
长城证券股份有限公司	14	30	196
国联证券股份有限公司	15	16	217
国信证券股份有限公司	16	34	289
招商证券股份有限公司	17	75	586
光大证券股份有限公司	18	37	313
安信证券股份有限公司	19	49	633
国海证券股份有限公司	20	18	330
华创证券有限责任公司	21	29	355
国泰君安证券股份有限公司	22	121	721
爱建证券有限责任公司	23	3	16
长城国瑞证券有限公司	24	4	37
中信证券股份有限公司	25	56	525
西南证券股份有限公司	26	25	404
方正证券股份有限公司	27	41	384
太平洋证券股份有限公司	28	32	238
中银国际证券股份有限公司	29	31	225
上海证券有限责任公司	30	15	116
海通证券股份有限公司	31	74	889

(续表)

证券公司名称	排名	年均分析师数量	年均研报数量
国金证券股份有限公司	32	34	326
川财证券有限责任公司	33	7	40
东北证券股份有限公司	34	52	516
开源证券股份有限公司	35	3	14
北京高华证券有限责任公司	36	14	50
中信建投证券股份有限公司	37	42	430
万联证券股份有限公司	38	4	31
世纪证券有限责任公司	39	3	17
信达证券股份有限公司	40	24	143
渤海证券股份有限公司	41	17	76
民生证券股份有限公司	42	62	373
联讯证券股份有限公司	43	7	125
中国银河证券股份有限公司	44	29	197
华融证券股份有限公司	45	7	42
东兴证券股份有限公司	46	28	341
中航证券有限公司	47	14	37
财富证券有限责任公司	48	10	125
华鑫证券有限责任公司	49	7	76
华金证券股份有限公司	50	8	154
国元证券股份有限公司	51	19	73
首创证券有限责任公司	52	3	11
山西证券股份有限公司	53	11	63
中原证券股份有限公司	54	7	60
辉立证券集团	55	4	19
华安证券股份有限公司	56	8	47

由表 5-1 可以看出,在 2014 年 5 月 1 日至 2019 年 4 月 30 日期间内,从分析师平均表现维度对证券公司预测准确性进行综合评价,排在前五名的证券公司分

别是：中国国际金融股份有限公司（年均活动分析师 60 名,年均发布研报 669 份）、群益证券（香港）有限公司（年均活动分析师 12 名,年均发布研报 135 份）、浙商证券股份有限公司（年均活动分析师 17 名,年均发布研报 120 份）、中泰证券股份有限公司（年均活动分析师 42 名,年均发布研报 421）和长江证券股份有限公司（年均活动分析师 47 名,年均发布研报 495 份）。

表 5-2 五年期证券公司预测准确性综合评价—最佳表现维度（2014.05.01—2019.04.30）

证券公司名称	排名	年均分析师数量	年均研报数量
海通证券股份有限公司	1	74	889
西南证券股份有限公司	2	25	404
安信证券股份有限公司	3	49	633
中国国际金融股份有限公司	4	60	669
中信证券股份有限公司	5	56	525
兴业证券股份有限公司	6	58	722
群益证券（香港）有限公司	7	12	135
广发证券股份有限公司	8	61	572
平安证券股份有限公司	9	47	325
长江证券股份有限公司	10	47	495
国信证券股份有限公司	11	34	289
华泰证券股份有限公司	12	57	523
国泰君安证券股份有限公司	13	121	721
东北证券股份有限公司	14	52	516
长城国瑞证券有限公司	15	4	37
中泰证券股份有限公司	16	42	421
方正证券股份有限公司	17	41	384
东兴证券股份有限公司	18	28	341
国联证券股份有限公司	19	16	217
光大证券股份有限公司	20	37	313
上海证券有限责任公司	21	15	116
国金证券股份有限公司	22	34	326

（续表）

证券公司名称	排名	年均分析师数量	年均研报数量
浙商证券股份有限公司	23	17	120
华创证券有限责任公司	24	29	355
招商证券股份有限公司	25	75	586
东吴证券股份有限公司	26	25	277
国海证券股份有限公司	27	18	330
上海申银万国证券研究所有限公司	28	97	645
华金证券股份有限公司	29	8	154
中信建投证券股份有限公司	30	42	430
长城证券股份有限公司	31	30	196
民生证券股份有限公司	32	62	373
中银国际证券股份有限公司	33	31	225
广州广证恒生证券投资咨询有限公司	34	12	77
首创证券有限责任公司	35	3	11
东方证券股份有限公司	36	31	206
财富证券有限责任公司	37	10	125
信达证券股份有限公司	38	24	143
华鑫证券有限责任公司	39	7	76
开源证券有限公司	40	3	14
中国银河证券股份有限公司	41	29	197
爱建证券有限责任公司	42	3	16
渤海证券股份有限公司	43	17	76
北京高华证券有限责任公司	44	14	50
太平洋证券股份有限公司	45	32	238
联讯证券股份有限公司	46	7	125
万联证券股份有限公司	47	4	31
国元证券股份有限公司	48	19	73
华融证券股份有限公司	49	7	42

(续表)

证券公司名称	排名	年均分析师数量	年均研报数量
山西证券股份有限公司	50	11	63
中原证券股份有限公司	51	7	60
川财证券有限责任公司	52	7	40
华安证券股份有限公司	53	8	47
辉立证券集团	54	4	19
中航证券有限公司	55	14	37
世纪证券有限责任公司	56	3	17

由表5-2可以看出，在2014年5月1日至2019年4月30日期间内，从分析师最佳表现维度对证券公司预测准确性进行综合评价，排在前五名的证券公司分别是海通证券股份有限公司(年均活动分析师74名,年均发布研报889份)、西南证券股份有限公司(年均活动分析师25名,年均发布研报404份)、安信证券股份有限公司(年均活动分析师49名,年均发布研报633份)、中国国际金融股份有限公司(年均活动分析师60名,年均发布研报669份)和中信证券股份有限公司(年均活动分析师56名,年均发布研报525份)。

表5-3 五年期证券公司明星分析师席位排名—平均表现维度(2014.05.01—2019.04.30)

证券公司名称	排名	明星分析师总量	证券公司分析师总量	证券公司研报总量
民生证券股份有限公司	1	26	310	1 866
方正证券股份有限公司	2	22	205	1 920
安信证券股份有限公司	3	21	246	3 163
招商证券股份有限公司	4	21	376	2 932
国泰君安证券股份有限公司	5	21	605	3 607
中泰证券股份有限公司	6	20	209	2 105
兴业证券股份有限公司	7	20	290	3 610
中国国际金融股份有限公司	8	20	300	3 344
广发证券股份有限公司	9	20	305	2 861
上海申银万国证券研究所有限公司	10	19	486	3 223
长江证券股份有限公司	11	18	237	2 476

(续表)

证券公司名称	排名	明星分析师总量	证券公司分析师总量	证券公司研报总量
中信建投证券股份有限公司	12	17	211	2 152
华泰证券股份有限公司	13	17	284	2 615
海通证券股份有限公司	14	17	368	4 446
中信证券股份有限公司	15	16	281	2 623
东北证券股份有限公司	16	15	262	2 579
浙商证券股份有限公司	17	13	84	599
西南证券股份有限公司	18	13	123	2 019
东兴证券股份有限公司	19	13	138	1 704
平安证券股份有限公司	20	13	233	1 624
国金证券股份有限公司	21	12	169	1 631
光大证券股份有限公司	22	12	187	1 567
信达证券股份有限公司	23	11	122	715
太平洋证券股份有限公司	24	10	160	1 190
中航证券有限公司	25	9	71	187
东吴证券股份有限公司	26	9	126	1 383
中银国际证券股份有限公司	27	9	154	1 127
国信证券股份有限公司	28	9	171	1 444
长城证券股份有限公司	29	8	150	978
广州广证恒生证券投资咨询有限公司	30	7	62	387
中国银河证券股份有限公司	31	7	144	986
北京高华证券有限责任公司	32	6	72	251
华金证券股份有限公司	33	5	41	769
华创证券有限责任公司	34	5	145	1 777
华融证券股份有限公司	35	4	37	210
财富证券有限责任公司	36	4	48	625
上海证券有限责任公司	37	4	74	581

(续表)

证券公司名称	排名	明星分析师总量	证券公司分析师总量	证券公司研报总量
东方证券股份有限公司	38	4	154	1 029
长城国瑞证券有限公司	39	3	21	185
川财证券有限责任公司	40	3	36	202
山西证券股份有限公司	41	3	57	315
群益证券(香港)有限公司	42	3	60	676
国海证券股份有限公司	43	3	91	1 648
开源证券股份有限公司	44	2	16	71
辉立证券集团	45	2	20	97
万联证券股份有限公司	46	2	21	154
渤海证券股份有限公司	47	2	83	382
国元证券股份有限公司	48	2	96	364
首创证券有限责任公司	49	1	16	54
爱建证券有限责任公司	50	1	17	81
中原证券股份有限公司	51	1	35	299
联讯证券股份有限公司	52	1	36	627
华安证券股份有限公司	53	1	41	233
国联证券股份有限公司	54	1	78	1 086
世纪证券有限责任公司	55	0	16	87
华鑫证券有限责任公司	56	0	33	378

根据 1.2 节所述行业划分方法，2014.05.01—2019.04.30 五个年度共产生明星分析师 590 名[①]。由表 5-3 可以看出，在 2014 年 5 月 1 日至 2019 年 4 月 30 日期间内，从分析师平均表现维度评选明星分析师并在此基础上对证券公司实力进行评价，排在前五名的证券公司分别是：民生证券股份有限公司（拥有明星分析师累计 26 名，活动分析师累计 310 名，发布研报累计 1 866 份）、方正证券股份有限公

[①] 2016.05.01—2017.04.30 期间、2017.05.01—2018.04.30 期间、2018.05.01—2019.04.30 期间每期 24 个行业，每期产生明星分析师席位 120 个；2014.05.01—2015.04.30 期间及 2015.05.01—2016.04.30 期间每期 23 个行业，每期产生明星分析师席位 115 个。

司(拥有明星分析师累计22名,活动分析师累计205名,发布研报累计1 920份)、安信证券股份有限公司(拥有明星分析师累计21名,活动分析师累计246名,发布研报累计3 163份)、招商证券股份有限公司(拥有明星分析师累计21名,活动分析师累计376名,发布研报累计2 932份)和国泰君安证券股份有限公司(拥有明星分析师累计21名,活动分析师累计605名,发布研报累计3 607份)。

表5-4 五年期证券公司明星分析师席位排名—最佳表现维度(2014.05.01—2019.04.30)

证券公司名称	排名	明星分析师总量	证券公司分析师总量	证券公司研报总量
中国国际金融股份有限公司	1	43	300	3 344
兴业证券股份有限公司	2	29	290	3 610
国泰君安证券股份有限公司	3	29	605	3 607
广发证券股份有限公司	4	27	305	2 861
上海申银万国证券研究所有限公司	5	25	486	3 223
安信证券股份有限公司	6	24	246	3 163
海通证券股份有限公司	7	22	368	4 446
招商证券股份有限公司	8	21	376	2 932
中信证券股份有限公司	9	19	281	2 623
华泰证券股份有限公司	10	19	284	2 615
中信建投证券股份有限公司	11	17	211	2 152
平安证券股份有限公司	12	17	233	1 624
东北证券股份有限公司	13	17	262	2 579
中泰证券股份有限公司	14	15	209	2 105
群益证券(香港)有限公司	15	14	60	676
东兴证券股份有限公司	16	13	138	1 704
中银国际证券股份有限公司	17	12	154	1 127
国信证券股份有限公司	18	12	171	1 444
民生证券股份有限公司	19	12	310	1 866
方正证券股份有限公司	20	11	205	1 920
国海证券股份有限公司	21	10	91	1 648
国金证券股份有限公司	22	10	169	1 631

(续表)

证券公司名称	排名	明星分析师总量	证券公司分析师总量	证券公司研报总量
长江证券股份有限公司	23	10	237	2 476
中国银河证券股份有限公司	24	9	144	986
西南证券股份有限公司	25	8	123	2 019
东吴证券股份有限公司	26	8	126	1 383
光大证券股份有限公司	27	8	187	1 567
华金证券股份有限公司	28	7	41	769
北京高华证券有限责任公司	29	7	72	251
长城证券股份有限公司	30	7	150	978
华鑫证券有限责任公司	31	5	33	378
浙商证券股份有限公司	32	5	84	599
华创证券有限责任公司	33	5	145	1 777
联讯证券股份有限公司	34	4	36	627
中航证券有限公司	35	4	71	187
国联证券股份有限公司	36	4	78	1 086
信达证券股份有限公司	37	4	122	715
东方证券股份有限公司	38	4	154	1 029
太平洋证券股份有限公司	39	4	160	1 190
辉立证券集团	40	3	20	97
财富证券有限责任公司	41	3	48	625
长城国瑞证券有限公司	42	2	21	185
华融证券股份有限公司	43	2	37	210
华安证券股份有限公司	44	2	41	233
渤海证券股份有限公司	45	2	83	382
开源证券股份有限公司	46	1	16	71
爱建证券有限责任公司	47	1	17	81
万联证券股份有限公司	48	1	21	154

(续表)

证券公司名称	排名	明星分析师总量	证券公司分析师总量	证券公司研报总量
川财证券有限责任公司	49	1	36	202
山西证券股份有限公司	50	1	57	315
广州广证恒生证券投资咨询有限公司	51	1	62	387
上海证券有限责任公司	52	1	74	581
国元证券股份有限公司	53	1	96	364
首创证券有限责任公司	54	0	16	54
世纪证券有限责任公司	55	0	16	87
中原证券股份有限公司	56	0	35	299

根据1.2节所述行业划分方法,2014.05.01—2019.04.30五个年度共产生明星分析师590名。由表5-4可以看出,在2014年5月1日至2019年4月30日期间内,从分析师最佳表现维度评选明星分析师并在此基础上对证券公司实力进行评价,排在前五名的证券公司分别是:中国国际金融股份有限公司(拥有明星分析师累计43名,活动分析师累计300名,发布研报累计3 344份)、兴业证券股份有限公司(拥有明星分析师累计29名,活动分析师累计290名,发布研报累计3 610份)、国泰君安证券股份有限公司(拥有明星分析师累计29名,活动分析师累计605名,发布研报累计3 607份)、广发证券股份有限公司(拥有明星分析师累计27名,活动分析师累计305名,发布研报累计2 861份)和上海申银万国证券研究所有限公司(拥有明星分析师累计25名,活动分析师累计486名,发布研报累计3 223份)。

6 2019年度中国证券分析师与证券公司预测准确性评价总结

我们提出的中国证券分析师与证券公司预测准确性评价（Earnings Forecast Accuracy Rating for Chinese Security Analyst & Securities Firm, EFA Rating），通过可验证的关键指标预测能力对证券分析师及证券公司进行评价。通过这一评价体系，投资者可以了解分析师每股收益预测准确性在同行业证券分析师中的相对排名，证券公司预测能力的整体表现及拥有明星分析师的席位数量，并可以通过对比证券公司体量与其明星分析师数量的比值关系进一步观察证券公司的整体风格及明星分析师产出效率。

本书运用 2014.05.01—2019.04.30 期间内证券分析师发布的针对沪深 A 股上市公司的每股收益预测数据，利用我们设计的证券分析师及证券公司每股收益预测准确性排名的算法，分别计算出三年期及五年期不同时间跨度上证券分析师及证券公司的 EFA Rating 排名情况。通过对不同期间证券分析师及证券公司排名的观察，我们可以看到尽管资本市场证券分析师群体体量庞大，但证券分析师群体内人员流动性较大，在本书样本中，能够在行业内持续"存活"五年的证券分析师仅占统计期间期末存量的约 1/5；从对证券公司不同维度的排名中横向上可以观察到不同证券公司的风格差异，纵向上也可以观察到国内证券公司的发展情况和实力变化。

本书试图提供一种更加客观、透明、可验证的证券分析师评价方法，但受数据可得性、可比性等因素制约，我们的评价范围仅覆盖了对 A 股上市公司做出预测的公司研究、行业研究分析师，未将宏观经济、策略研究、金融工程等方向的分析师纳入评价范围；同时，在评价过程中未考虑分析师做出的投资建议及其他定性信息，存在一定局限性。但每股收益作为综合反映企业经营成果的关键财务指标，是投资者重点关注的关键指标；同时因其综合性较强，可以反映分析师对股票的整体判断，因而与本书未能覆盖到的评级及定性信息具有高度的一致性，因此我们认为采用每股收益预测作为判断分析师预测准确性的唯一指标可能存在部分信息损失，但整体上是客观、合理、可信的。对于评价方法中存在的不足，我们将在后继年度的中国证券分析师与证券公司预测准确性评价中不断改进完善。